Ty jesteś zadowolona,
ja jestem zadowolony...
A więc ten dzień warto zapamiętać
- 18.02.1995

Ku pamięci

[illegible]

CZESŁAW MIŁOSZ

Widzenia nad Zatoką San Francisco

CZESŁAW MIŁOSZ
Dzieła

Dotychczas ukazały się:

Wiersze t. I—II
Dolina Issy

W przygotowaniu m. in.:
Ziemia Ulro

CZESŁAW MIŁOSZ
Widzenia nad Zatoką San Francisco

Wydawnictwo Literackie

Wydanie pierwsze krajowe
Wydanie pierwsze ukazało się nakładem Institut Littéraire, Paris 1969

Opracowanie graficzne,
projekt obwoluty i tłoczenia
Zofia Darowska
Redaktor
Maria Rola
Redaktor techniczny
Hanna Nawrot

Printed in Poland
Wydawnictwo Literackie, Kraków 1989
Wydanie I. Nakład 30000+350 egz.
Ark. wyd. 9,4. Ark. druk. 13
Papier offset. kl. III, rola 82 cm, 70 g
Oddano do składania 9 V 1988
Podpisano do druku 13 VI 1989
Zam. 5505/88. O-11-176
Drukarnia Wydawnicza im. W. L. Anczyca
Kraków, ul. Wadowicka 8

ISBN 83-08-01958-7

1. O moim zamiarze

Jestem tu. Dwa te słowa zawierają wszystko, co można powiedzieć, od nich się zaczyna, do nich się wraca. Tu — to znaczy na tej ziemi, na tym a nie innym kontynencie, w tym a nie innym mieście, w tej epoce, którą nazywam moją, w tym stuleciu, w tym roku. Nie jest mi dane żadne inne miejsce ani żaden inny czas i od poczucia przemijalności mego ciała bronię się dotykając stołu. To bardzo elementarne — ale gdybyż to nauka życia nie polegała na stopniowym odkrywaniu prawd elementarnych.

Pisałem o różnych rzeczach i przeważnie nie tak, jak bym chciał. Wiem, że teraz też nie będę pisać tak, jak od dawna zamierzałem, zawsze zresztą zdając sobie sprawę, że chcę niemożliwości. Czego byłoby trzeba, to móc zakomunikować całe zdziwienie „bycia tu" w jednym nieosiągalnym zdaniu, w którym, równocześnie, pojawiałyby się ziarnistość i zapach mojej skóry, cała zawartość pamięci, cała moja dzisiejsza zgoda i niezgoda. Czegoś się jednak nauczyłem ścigając niemożliwe. Każdy z nas tak wstydzi się swojej bezradności i niewiedzy, że uważa za stosowne przekazywać innym to tylko, co, jak wydaje mu się, rozumie. Czasami jednak, nieprędko, jakoś pozbywamy się wstydu i zaczynamy mówić otwarcie o wszystkim, czego nie rozumiemy. Jeżeli nie jestem mądry, dlaczego mam udawać, że jestem mądry? Jeżeli jestem bezradny, dlaczego mam podawać się za kogoś, kto ma na podorędziu rady dla swoich współczesnych? A może właśnie wartość komunikacji pomiędzy ludźmi polega na przyznawaniu się do własnych ograniczeń, które w sposób tajemniczy są wspólnymi ograniczeniami wielu, i nie takimi samymi jak sto czy tysiąc lat temu? Może, kiedy zewsząd odzywa się zgiełk analiz i wniosków, nie całkiem bezużyteczne będzie świadectwo o nierozumieniu?

Czytałem dużo książek, ale układając ich tomy jeden na drugim i stając na nich, nie dodam sobie ani centymetra wzrostu. Ich uczone terminy są mało przydatne, kiedy próbuje się uchwycić doznania nagie, wymykające się uznanym pojęciom. Zapożyczony jezyk dostarcza wielu ułatwień, ale też niepostrzeżenie prowadzi w swój własny labirynt, aż budzimy się w obcych nam korytarzach, z których żadne wyjście nie jest nasze. Muszę więc opierać się, sprawdzając w każdej chwili, czy nie oddalam się od tego, co naprawdę przeżyłem sam, na własny rachunek, czego dotknąłem. Nie potrafię wynaleźć nowego języka i posługuję się takim, jakiego mnie nauczono, a przecież rozróżniam, mam nadzieję, co moje, a co tylko modne. Nie potrafię wyrzucić z pamięci przeczytanych książek, ich zwalczających się teorii i filozofii, tak żeby odzyskać nigdy i nigdzie nie spotykaną niewinność, ale wolno mi być podejrzliwym i zamiast przyłączać się do chóru twierdzeń i przeczeń, zadawać pytania naiwne.

Onieśmielenie. Jest się dzielnym, nieustraszonym, ponieważ jest się pewnym, że ma się rzecz ważną do obwieszczenia światu i że nikt inny do obwieszczenia jej nie będzie powołany. Później jednak słabnie poczucie niepowtarzalnej indywidualności i niepowtarzalnej roli, myśl o wszystkich ludziach, jacy byli, są i będą, dążących, wątpiących, wierzących, wyższych ode mnie siłą uczucia czy przenikliwością umysłu, odbiera zaufanie do tego, co nazywam „ja". Słowa modlitwy sprzed paru tysiącleci, niebiańska muzyka stworzona przez kompozytora w żabocie i peruce, i skąd tu jeszcze ja, dlaczego ja? Czyż nie należałoby z góry ocenić własnych szans: albo dorównać, albo, jeżeli nie mogę dorównać, milczeć? Teraz, w tej chwili, kiedy stawiam te znaczki na papierze, nieobliczona ilość ludzi robi to samo i nasze utwory w kolorowych okładkach będą dodane do masy przedmiotów, w której gubią się tytuły i imiona. Na pewno też w tej chwili ktoś, stojąc w księgarni wobec widowiska wspaniałych a daremnych ambicji, dokonuje decyzji: raczej milczeć. Jedno zdanie, ale takie, które by naprawdę ważyło, to byłoby dosyć jako wynik jednego życia. Jednak tu, teraz mam odwagę mówić, odwagę jakby wtórną, nie tamtą, ślepą. Może to jest upór w poszukiwaniu jednego zdania. Albo może to ta sama dawna nieustraszoność, temperament, przeznaczenie szuka nowych wybiegów. W każdym razie pocieszam się nie tyle wyjątkowością roli, do jakiej zostałem powołany, ile mozaikowym układem tej wielkiej całości, która składa się z cząstkowych, choćby niedołężnych, prób różnych ludzi. Jestem tu — i każdy jest w jakimś „tu" — a jedyne, co możemy zrobić, to starać się to sobie nawzajem zakomunikować.

2. O miejscu, gdzie jestem

„Słyszy się nieraz zdanie, że problemy, jakie stoją przed Kalifornią dziś, staną jutro przed całą Ameryką. Fale przyszłości uderzają najpierw o skalisty kalifornijski brzeg; zmiany zachodzą tu najszybciej. Jest to w znacznej mierze prawdziwe. Niezupełnie, bo żadne miejsce nie jest takie samo jak inne, a Kalifornia jest pod wieloma względami wyjątkiem. Jednak nie wolno zamykać oczu na przemiany i problemy, jakie są udziałem Kalifornii. Zbyt wiele przemawia za tym, że będą one problemami całego cywilizowanego świata".

Raymond F. Dasman,
The destruction of California

Idąc ulicą podnoszę oczy i widzę w fałdach góry, między kępami eukaliptusów, jarzące się budowle laboratoriów fizyki jądrowej. Odwracam się, i tam metalowa Zatoka San Francisco, już ciemniejąca, bierze niektóre tylko barwy z zielono-żółto-karminowego nieba. Ponieważ Berkeley jest uczepione wzgórz, obrócone na zachód, ku Pacyfikowi, jego porą, nie zepsutą jak inne przez mgłę od oceanu, bywa zwykle popołudnie, zmierzch, wieczór — sławne tutejsze feerie zachodzącego słońca. Mam w sobie wiele miast i wiele krajów, a jednak już wszystkie układają się w odniesieniu do tego, co otacza mnie co dzień. Wyobraźnia człowieka jest przestrzenna i bez ustanku buduje architektoniczną całość z krajobrazów zapamiętanych albo wyobrażonych, postępując od „bliżej" do „dalej", niejako nawijając warstwy czy pasma dokoła jednej osi, tej, w której dotyka on stopami ziemi. Z tej przestrzenności wyobraźni wiele wynika i będę do niej często powracać. Teraz tylko tyle, że na jawie czy we śnie cztery strony świata zaczynają się dla mnie od form niemal w zasięgu ręki. Na zachód wyspy i przylądki Zatoki, dinozaury dwóch mostów, zgromadzenia wieżowców San Francisco, zapalające się i gasnące w regularnych odstępach światła na odgadywanej tylko stalowej nici Golden Gate Bridge, za którym otwarte morze. Na wschód drogi wzdłuż urwisk eukaliptusy na zboczach, piarżyska koloru grzechotnika, tunel, inna kraina, pustych pagórków spiętrzonych aż do widnokręgu, słabo zielonych, ze skłonnością do różu i fioletu przez parę miesięcy w roku, poza tym płowych pod jaskrawoniebieskim niebem, bo mgła morska rzadko tam sięga. Na południe jałowość płaskiej przestrzeni zamieszkałej przez milion ludzi i nazwanej miastem Oakland, nad nią zakreślone eliptycznie betonowe taśmy, kierunek na San José. Los Angeles. I także północ jest kierunkiem taśm, po których przesuwają się trzema torami samochody ku strefie winnic koło Napa, Santa Rosa i dalej, tam gdzie iglasty las północnej Kalifornii, mgliste przepaście z krążącym nad nimi orłem.

Moja wyobraźnia niezbyt daleko zapuszcza się na zachód, bo cóż tam ma prócz takiego samego, na tysiące mil, oceanu, i nie wędruje na wschód dalej niż przez dolinę Sacramento do przełęczy w Sierra Nevada. Za łańcuchem Sierra natrafia na zero, pustą, pomarszczoną powierzchnię planety, nad którą odrzutowiec przenosi nas w ciągu paru godzin. Natomiast igra z wielkimi pustyniami południowej Kalifornii i Arizony, ciągle przesuwa i ustawia na nowo skały katedry, zastygłe prajaszczury? sterczące z wody przy dzikim brzegu Oregonu, sady farm stanu Washington, gdzieś w okolicach lodowca góry Rainier.

Nie, nie są moją specjalnością pocztówkowe opisy. A jednak gnębi mnie dziewiczość tego kraju, dziewiczość w tym sensie, że jakby czekał na imiona. Nie był powoli, stopniowo, ujmowany w słowa przez wieki, a jeżeli ktoś starał się przetłumaczyć go na słowa, przemiany były tak szybkie, dwadzieścia lat tak bardzo równały się dwustu latom gdzie indziej, że zaraz znów przygotowywała się pusta tablica. I tu, na Zachodnim Brzegu, i wszędzie w Ameryce stoi się przed czymś niemożliwym do określenia poprzez aluzję do, jak się mówi, humanistycznie ukształtowanych wyobrażeń, niepojętym, i tam gdzie chodzi o kształty ogarniane wzrokiem, i tam gdzie trzeba ustalić ich związek z życiem ludzi. Jest to już księżycowa przygoda naszego rodzaju, która na tym polega, że jesteśmy rzuceni w świat przedstawiający się nam jako nic albo, w najlepszym razie, jako chaos bezładnie pomieszanych klocków, i musimy ułożyć je w jakimkolwiek porządku, ustosunkować jedne do drugich, na prawo od, na lewo od, posługując się abstrakcyjnymi płaszczyznami map. Niepokojąca wolność pierwszych spotkań z płaskowyżem, kanionem rzeki, kraterem, gdzie przed nami nie było nikogo, a choćby był, nie przekazał o tym żadnej dołężnej wieści. Arbitralność niemożliwego do uniknięcia wyboru, nie poddanego żadnym sprawdzeniom.

3. Co czuje się wobec zbyt dużego obszaru

Być siłą postawionym wobec Natury. To znaczy na przykład znaleźć się w górskich lasach gdzieś przy Feather River i nie mieć żadnej ochrony przeciwko głazom, sosnom o półtorametrowej średnicy, gmatwaninie suszu, sprażonej ziemi. Chronią nas zwykle jako tako pochwały i potępienia, jakie rozdzielamy, udział w wymianie chełpliwości i podstępów, wzajemne wczepianie się ludzi w ludzi, myśl naukowca skoncentrowana na naukowcach, drukarza na drukarzach, artysty na artystach, polityka na politykach. Kokon ciągle odnawianych zależności, czas wartościowany, postęp, regresja, ewolucja, rewolucja — rewolucja w przyrządzaniu gatunków farb, w *topless* kąpielowym kostiumie. Im głębiej zanurzamy się w kokon utkany z mowy, z ruchomych obrazków na ekranach, z papieru wypluwanego przez maszyny rotacyjne, tym bezpieczniej. Ale gęstość kokonu nierówna, zmienia się od kraju do kraju. Nie chcę bawić się w łańcuchy przyczyn i skutków, wolę uznać, że jest coś takiego jak duch kontynentu i że on to złośliwie rozpruwa, cokolwiek próbuje się dokoła siebie namotać. Olbrzymiość gwałconego, a zawsze zwycięskiego obszaru, pofałdowana skóra ziemi pomniejszająca nasze błędy i zasługi. Wobec sosen przy Feather River czy na skalistych cyplach obryzgiwanych wybuchami oceanicznej bieli, dokąd wiatr przynosi ryki lwów morskich, czy na zboczach góry Tamalpais, skąd poszarpany w przylądki kres lądu i morza jest pierwszym dniem stworzenia, stoję odarty, pozbawiony. Nie osiągnąłem nic, nie uczestniczyłem w żadnej ewolucji czy rewolucji, nie mogę poszczycić się niczym, bo upada cała zbiorowa zabawa wywyższań się i poniżeń. Obcość, obojętność, wiecznotrwałość kamienna czy kamieniopodobna i ja, w porównaniu z nią, błysk ułamka sekundy, tkanki, nerwy, pompa serca, poddane, co najgorsza, tej samej niepojętej zasadzie, która rządzi tym, co przede mną i co jest dla mnie tylko samowystarczalnym przeciwsensem.

Nie zaliczam się do poszukiwaczy niezwykłych krajobrazów, nie fotografuję panoram Natury. Sama dla siebie ani piękna, ani brzydka, jest chyba tylko ekranem dla ludzkich wewnętrznych piekieł i rajów. A jednak majestatyczna przestrzeń wybrzeży Pacyfiku niepostrzeżenie wnikała w moje sny, przerabiała mnie, pozbawiając i przez to może wyzwalając. Z przebiegłości długo zabraniałem sobie spotkania z chaosem obywającym się bez wartościowań, starałem się nie wykraczać poza to, co ludzkie, a więc usposabiające do przepowiedni pogodnych albo ponurych. Narzucałem sobie dyscyplinę, wynajdowałem prace i zaangażowania, zawsze wiedząc, że tylko uchylam się, odkładam chwilę starcia się z tamtym, które na mnie tuż obok czeka.

Jak wtedy, kiedy na stole pod drzewem rozkładamy papiery i staramy się pisać czy dodawać ciągi cyfr: zaraz niepokój liści poruszanych wiatrem, lot ptaków, brzęk owadów, jednym słowem niewspółmierność pomiędzy otwartą przestrzenią i operacjami umysłu wygania nas stamtąd, zmusza do zamknięcia się w czterech ścianach, w których nasze zajęcie jakby nabierało wagi i godności. Kokony, jaskinie, izby, drzwi, zagrody, ukryte legowiska, te podziemne galerie, dokąd zapuszczał się człowiek Cro-Magnonu ryzykując spotkanie z jaskiniową hieną, żeby tam, w najdalszym, najgłębszym kącie, rysować w świetle kaganka magiczne zwierzęta: tam tylko jego dzieło olbrzymiało, stamtąd tylko mogło rządzić losami żywych zwierząt na powierzchni ziemi.

Teraz usiłuję chronić się w te stronice, ale moja humanistyczna gorliwość jest osłabiona przez góry i ocean, przez te liczne momenty, kiedy patrzyłem na bezmierność z uczuciem podobnym do mdłości, a wiatr pustoszył moje małe gospodarstwo nadziei i zamiarów.

4. Symboliczne góry i lasy

„Tak więc ogród w ogóle odpowiada niebiańskiej inteligencji i mądrości: z tej przyczyny niebo nazwane jest ogrodem Boga i rajem, a przez człowieka niebiańskim rajem. Drzewa, stosownie do ich gatunków, odpowiadają postrzeganiu i poznawaniu dobra i prawdy, z czego inteligencja i mądrość pochodzą. Z tej przyczyny starożytni, biegli w wiedzy o korespondencjach, odprawiali swoje święte obrzędy w gajach. Dlatego drzewa tak często wymienia Pismo, a niebo, kościół i człowieka porównuje do winnej latorośli, do oliwki, cedru i innych drzew, dobre uczynki natomiast do owoców".

Emanuel Swedenborg,
Niebo i jego cuda oraz Piekło

Jak to jest, że obrazy Natury zdają się zawierać w sobie barwy naszych wzruszeń i namiętności, że bywa ona pogodna, groźna, uśmiechnięta, ponura, dobrotliwa, łaskawa, żałobna? Czytałem dużo Emanuela Swedenborga, ojca symbolizmu w poezji. Jak większości moich współczesnych odebrano mi jednak wiarę w preegzystencję materialnych kształtów, stworzonych, wcześniej niż oblekły się w ciało, jako idee, a nawet więcej, jako wyraz pewnych stanów duchowych. Jabłoń jest dla mnie drzewem pobudzającym do wielu skojarzeń dlatego, że człowiek je sobie od dawna upodobał i posługiwał się jego wyobrażeniem przez wieki w religii, w poezji, w malarstwie, nie dlatego, że jabłoń jeszcze przed stworzeniem świata do takiego użytku była przeznaczona. Lew zastanawiał prymitywnych myśliwców jako przeciwnik niebezpieczny, a wspaniały, ale prawdopodobnie królewska korona nie była mu dana, zanim w krainach zamieszkałych przez lwy nie pojawili się ludzie. Szczyt góry zawsze uchodził za właściwe miejsce do nawiązywania stosunków z Bóstwem, ale Synaj, Patmos, klasztory budowane na skałach odpowiadały potrzebie wzniesienia się ponad zamęt codziennych zabiegów, zbliżenia się do nieba, skąd krótkotrwałe kłopoty śmiertelnych muszą wydać się drobne. Góra więc chyba nie była pomyślana, jeszcze przed tym, nim zaczęła stygnąć płynna skorupa ziemi, jako fundament i przyszłych świątyń, i przeciwstawnych pojęć w języku: podłość i wzniosłość.

Tak sobie rozsądnie tłumaczę, a jednak doświadczenie, nieuczone, oporne, narzuca mi krajobrazy-obsesje, zwierzęta-symbole, jakby tam, wewnątrz zmysłami postrzeganych form, kryło się pełne treści wezwanie, przemawiające do każdego tak samo. Niech to będzie pamięć, starsza niż nasze życie, pamięć gatunku, krążąca w nas razem z krwią. Ona upewnia o naszej tożsamości z innymi, ona też stanowi o tym, że możemy się jako tako porozumieć. Wszystkie nasze metafory krążą dokoła doznań góry i dołu, ciemności i światła, zieleni, ognia, wody, ten sam uśmiech pojawia się u każdego na widok ptaka i wspólny jest nam lęk przed dotykiem węża.

Jeżeli składam cześć drzewom, nie jestem wyjątkiem, ludzie robili to od niepamiętnych czasów, a pęd pnia, od podziemia, gdzie przebywają korzenie, poprzez nasz średni wymiar, do nieba, gdzie kołyszą się liście, mówił zawsze jasno, że słuszny jest podział istnienia na trzy strefy. Drzewo zawsze pisało „Boską Komedię" o wspinaniu się od piekieł do wysokich niebieskich kręgów, na długo przedtem, nim Dante napisał swój poemat. Nie umiałbym żyć w kraju bezdrzewnym, a tutaj, gdzie jestem, busola w moich snach wskazuje zawsze na północ.

Krasnobór, czyli resztki dziewiczego lasu sekwoi. Niektóre gotyckie katedry, na przykład strasburska, odtwarzają, jak można się domyślać, małość i bezbronność człowieka w jego średniej strefie pomiędzy Piekłem i Niebem, to znaczy wśród kolumn puszczy, która, kiedy budowano katedry, pokrywała nadal duże obszary Europy. Jednak w Europie nigdy nie było drzew liczących sobie ponad dwa tysiące lat wieku, takich jak *redwoods*. Ten las jest ideą lasu, prawzorem narysowanym przez Pana Boga, żadne kolumny kościołów nie sięgnęły tej wysokości, nigdzie półmrok wśród nich nie kontrastuje tak wyraźnie z ukośnym promieniem przenikającym z jakiejś niewidzialnej dali. Figurki ludzkie maleją nawet nie wobec pni, te są poza wszelką proporcją, ale wobec tego, co na niższym poziomie, większych od człowieka paproci i zwalonych omszałych kłód puszczających nowe zielone pędy. Żeby potwierdziła się wartość lasu-symbolu, krasnobór ma tę właściwość, że nawet kloc ściętego drzewa nie umiera i odradza się w mnóstwie szybko rosnących gałązek.

Crater Lake... Parę dziesiątków mil pustej, nakreślonej nienagannie prostą linią szosy, wznoszącej się tak niedostrzegalnie, że przypomina o tym tylko opór motoru, i z obu jej stron nic prócz lasu nędznych karłowatych sosen na podłożu rozsypanej lawy, a nuda tego jest taka, że oczy zalepia senność. Następnie wirażami na zbocza góry, której wierzchołek urwał wybuch wulkanu, i stamtąd widok na jezioro w środku, w obręczy skał. Strome jego brzegi, bez dostępu, nie mają roślinności, kolor jego wody jest przeraźliwy, jadowity lazur, zbyt czysty, zbyt absolutny. Jakby po to, żeby zaznaczyć, że ten geologiczny kaprys opiera się wszelkiemu użytkowi, jest i nieprzystępna wyspa, kamienna piramida łamiąca jednolitość powierzchni. Racjonalnie rzecz biorąc, brak danych, żeby przypuścić, że każdy, kto znajdzie się w tym krajobrazie, będzie odczytywał go jako szyfr jałowości samej w sobie. Tym niemniej zdaje się w tym zbytecznym splendorze kryć jakaś myśl, a nawet może miejsce na wytyczoną między karłowatymi sosnami szosę było z dawien dawna przygotowane, w przewidywaniu, że będzie nią jechał ktoś, kto uchwyci intencje ukrytego, przewrotnego Twórcy.

Albo znowu, na południu, Dolina Śmierci. Wiadomo, czym jest: wyschniętym dnem wielkiego słonego jeziora, pustynią o temperaturze niemal garncarskiego pieca, depresją znacznie poniżej poziomu morza. Tak, ale nazwa jej nadana jest odpowiedzią na jej treść odsyłającą do wyobrażeń każdego o Dolinie Jozafata. Cisza tak mocna, że rozlega się w niej sypanie się piasku na diunach albo chrzęst zastygłej soli pod stopą, niebo bez chmur i bez krążących ptaków, horyzont zamknięty ze wszystkich stron pasmami gór, których kolor jest kolorem składających się na nie minerałów: grynszpan, agresywna żółć, ponura czerwień o odcieniu „byczej krwi". Wtedy wydaje się, że przez wszystkie lata życia dążyliśmy tutaj, gdzie wspomnienia wyrazistsze bledną, a bledsze całkiem tracą konsystencję, rozsypują się, i z trudem usiłujemy przywrócić im znaczenie, rwie się ciągłość, pojawiają się nie złączone z niczym sceny, na przykład tanga tańczonego przez tłum na studenckim balu w odległej epoce, jakby fantomatyczność tancerzy była najwłaściwsza na tej pustyni zmieniającej żywych w fantomy.

Zwierzęta. Enigmatyczność naszego stosunku do niedźwiedzia, miłosna tkliwość zmieszana z lękiem, dawne obrzędy plemienne przeprosin po jego zabiciu, pluszowe misie dzieci. Żartobliwa sympatia do szopa pracza, złodzieja leśnych kempingów, spryciarza umiejącego otworzyć łapką każde niemal zamknięcie skrzynki z jedzeniem. Rodzaj niepokoju jak wobec rojowiska liszek czy robaków na pniu albo kawale mięsa, ale choć ta sama obłość, te same wahadłowe ruchy ślepego poszukiwania kierunku, naprawdę jest to złom bazaltu wystający z morza, zamieszkały przez społeczność lwów morskich. Przez lornetkę widzi się potężne cielska samców pośrodku swoich haremów, pomarszczone pyski otwarte w ostrzegawczym wrzasku, przewalania się, bitwy, zabawy młodych spychających się z mytych przybojem płyt w kipiel piany. Wbrew sobie, nie mogąc zadowolić się stwierdzeniem, że to po prostu jest, zapytuję, co to znaczy. Aluzja do powtarzalności mikroruchów i makroruchów — chwiejne, próbujące orientowanie się przestrzenne i drobnoustrojów, i robaków, i tych dużych stworzeń, u których zresztą ten sposób bycia wynika z niedostosowania kończyn do posuwania się po lądzie? Sygnał donoszący o większej ilości żywiołów mieszkalnych niż powietrze ludzi i ptaków, skoro w ciemnym oceanie, gdzie życie jest zimne, mogą czuć się jak w domu nam pokrewne istoty ciepłokrwiste? Czy znaczenie, jakiego nie znam? Czy żadnego znaczenia?

5. Wspomnienie pewnej miłości

Będąc chłopcem miałem dosyć zajęć z tym, co biega, lata, pełza, co rośnie, czemu można się przyglądać, czego można dotknąć, i nie interesowałem się słowami. Pochłaniałem książki, ale te były dla mnie wieścią o prawdziwych zdarzeniach i przygodach, a jeżeli natrafiałem na usamodzielniające się słowa (choć nie umiałbym wtedy ich tak nazwać), na opisy uczuć czy krajobrazów, uznawałem je za głupie i przeskakiwałem stronice. Niekiedy wpadał mi do rąk tom poezji i zaraz odpychał swoim fałszem: był to fałsz ten sam, co we wzajemnych ukłonach, uśmiechach, rozmowach dorosłych, jakieś gadanie o niczym, śmieszne, bo wydaje się im, że choć tylko udają, nikt tego nie widzi.

A jednak, na inny sposób, byłem wielbicielem słów, choć nie tych układanych w zdania i frazy. Przyrodnik, kolekcjoner duszonych w wyziewach formaliny i wbijanych na szpilkę chrabąszczy, okazów roślin w zielnikach, ptasich jajek podbieranych w gąszczu za cenę podrapania twarzy i bosych nóg, byłem pewien wyjątkowej wagi moich czynności i odrzuciłbym jako zniewagę przypuszczenie, że może nie ja jedyny pośród moich rówieśników przeżywam taką namiętność. Romeo — a moją Julią była zarówno nieobjęta obfitość kształtów i barw jak jeden owad, jeden ptak przykuwający moją uwagę przez całe dnie albo tygodnie. Zakochiwałem się, co prawda, bądźmy należycie podejrzliwi, za pośrednictwem. Fascynowały mnie przede wszystkim kolorowe ilustracje w przyrodniczych książkach i atlasach, a więc nie Julia-Natura, tylko jej portret przekazany przez rysownika czy fotografa. Tym niemniej szczerze cierpiałem z powodu nadmiaru, którego nie można posiąść, byłem nienasyconym romantycznym kochankiem, aż znalazłem środek zażegnania inwazji pragnień, zdobycia pożądanego obiektu na własność: nazwę. W grubych zeszytach kreśliłem rubryki, wypisywałem pedantycznie rząd, rodzinę, gatunek, rodzaj, aż nazwa złożona z rzeczownika na oznaczenie gatunku i przymiotnika na oznaczenie rodzaju zrastała się w jedno z tym, do czego przynależała zawsze, i *Emberiza Citrinella* zamieszkiwała nie zarośla, ale idealną przestrzeń poza czasem. W tej woli klasyfikacji był wściekły arystotelizm, powtarzałem wczesne procedery porządkowania otaczającego nas świata, jakby prawdą było, że dzieciństwo, chłopięctwo, dojrzałość odpowiadają fazom, przez jakie przechodzi ludzkość. I dodam, że szał mój miał cechy wyraźnie samcze, wyrażała się w nim ta sama chciwość rozgraniczeń, definicji, mocniejszych niż rzeczywistość konceptów, która jednych uzbrajała w miecz, innych wtrącała do lochu i prowadziła wiernych na święte religijne wojny.

Koniec tej miłości był smętny, jak koniec wielu miłości. Jakby przemyto nam nagle oczy płynem odczyniającym urok, osoba jedyna, wyniesiona przez nas ponad inne, zaczyna być widziana obiektywnie, podporządkowana regułom obowiązującym wszystkich dwurękich i dwunogich. Podejrzliwość, krytyczna refleksja, i zaraz, co było snopem barw, niezróżnicowanym wibrowaniem światła, zmienia się w zespół cech, wpada pod władzę cyfry. Tak i moje ptaki zmieniły się w ilustracje z anatomicznego atlasu pokryte złudą ślicznych piór, jaskrawość i zapach kwiatów przestały być rozrzutnym podarunkiem, zaczęły być zamysłem bezosobowej kalkulacji, przykładem powszechnego prawa. Wtedy też skończyło się moje dzieciństwo. Wyrzuciłem moje zeszyty, zburzyłem papierowy zamek, w którym mieszkały piękności za kratami słów.

Jako praktyczny skutek tych pasji pozostało mi obszerne słownictwo w odniesieniu do roślin, zwierząt i ptaków mego rodzinnego północnego kraju. Emigracja z Europy przypadła jednak na czas, kiedy dawno już opuściło mnie przywiązanie do nazw i rozpoznawane pokrewieństwo gatunków z tymi innymi, europejskimi, przypominało tylko o moim życiorysie, polegającym na wędrówce od upartych podziałów i definicji do zgody na płynne i niezdefiniowalne. Choć co prawda dokucza mi ciągle ten albo inny niby-muzyczny motyw z nowymi wariacjami. Znałem tylko jedną sosnę, sosna równała się sośnie, a tu raptem *Sugar Pine* i *Ponderosa Pine*, i *Monterey Pine*, i tak dalej, razem siedemnaście gatunków. Pięć gatunków *Spruce*, czyli świerku, sześć gatunków *Fir*, czyli jodły, przy czym ta największa, rozmiarami nieraz współzawodnicząca z sekwoją, jest nie całkiem jodłą, toteż łacińska jej nazwa nie jest ani *Picea*, ani *Abies*, tylko *Pseudotsuga*. Po kilka gatunków cedru, modrzewia, jałowca. Dąb, który, jak wierzyłem, jest wszędzie i zawsze dębem po prostu, wieczną i jedyną dębowatością samą w sobie, rozmnożył się na gatunków szesnaście, poczynając od tych, których dębowatość jest niewątpliwa, aż do innych, gdzie jest zamglona, tak że trudno jest od razu zgadnąć: laur to czy dąb? Podobne a niepodobne, toż same, a nie tożsame — to prowadzi tylko do niedorzecznych myśli, dlaczego jednak do nich się nie przyznać? A więc: skąd, na mocy czego, powszechna zasada czy esencja drzewa? I w niej, jako jej część i zawartość, zasada, esencja sosny, dębu? O klasyfikacje! Czy tylko w umyśle czy, pomimo wszystko, też poza nim? Sójki skrzeczą za oknem, żebyż to sójki, ale albo *Steller's Jays* albo *Scrub Jays*, czarne w górnej połowie, niebieskie u dołu, z czarnym czubem, tyle że głos jednych i drugich, złodziejskość, bezczelność te same co u ich pobratymców w odległym o tysiące mil moim rodzinnym kraju. Czym jest sójkowatość? W krótkości cyklu ich życia, w powtarzalności jego przez millenia, bez wiedzy, że istnieje coś takiego jak „bycie sójką" czy „bycie *Steller's Jay*", jest coś zdumiewającego.

6. O skutkach nauk przyrodniczych

Nie ma nic takiego jak „ja i Natura". Strój, jaki noszę, udogodnienia techniczne, jakimi się posługuję, sprawdzone i nie sprawdzone hipotezy naukowe, jakich mnie nauczono, nie są moje, ale mojego stulecia i najwyżej wkrada się indywidualny odcień w takie czy inne ułożenie danych, gotowych elementów. Chciałbym zawierzyć pięciu zmysłom, spotkać się nago z nagością, ale pomiędzy mną i tym, co widzę, czego dotykam, wznosi się szyba: moja myśl o Naturze narzucona mi przez tzw. stan wiedzy i lekcje biologii

Wszechmoc i majestat Boga rozpoznawalne w kiełkowaniu, kwitnieniu, owocowaniu, w cudownym wyposażeniu ziemi, gdzie rośliny i zwierzęta dane są na użytek człowieka; później: niezgłębiony rozum Wielkiego Zegarmistrza zdolny przewidzieć, jak będzie funkcjonować każda z biliona bilionów śrubek wielkiego mechanizmu; później: skłaniająca do trwożnego szacunku wieczna przemyślność i wynalazczość Matki Natury — znam te etapy postępującej sekularyzacji, wysiłki, żeby przyczyny najpierw rezydujące w „nad" przenieść „w", przez co, niestety, *mysterium* nie stało się nic a nic mniej *tremendum*. Ale to nie mój temat i nie mój ton — każde „dzisiaj" ludzkiej myśli ma swoją tonację, gdyby było inaczej, nie bylibyśmy w niewoli stylów, wpadalibyśmy na pomysły genialnie proste, zamiast wikłać się w języku naszych nauk i sztuk, w przez nas samych hodowanej dżungli. A nadaje teraz ton, przesądza o stylu co innego niż medytacja nad Najwyższą Inteligencją: jest to obraz samoczynnego, ustawicznego Ruchu.

Jeżeli nie wzniesiono świątyń na cześć teorii ewolucji, to zapewne z tego samego powodu, dla jakiego w średniowieczu nie wznoszono świątyń na cześć nieśmiertelności duszy: nie wielbi się prawd oczywistych, jak dwa razy dwa cztery, a kościoły, podobnie jak później laboratoria, oznaczały tylko logiczne następstwo pierwszej, przyjętej przez wszystkich, przesłanki. Niech kto spróbuje teraz obalić w sobie autorytet nauki i powiedzieć: „nieprawdą jest, że życie powstało w morzu i że jednokomórkowe organizmy są praprzodkami ryb, płazów, ptaków, ssaków, że odbywał się jakikolwiek rozwój od form mniej złożonych do bardziej złożonych, jakakolwiek przemiana i stopniowe powstawanie gatunków; ichtiozaury i pterodaktyle nigdy nie istniały, natomiast skamieliny kości zaginionych zwierząt, służące do rekonstrukcji ich wyglądu, zostały tu i ówdzie rozsiane jako figiel Boga, żeby wprowadzać nas w błąd i dalej karać za zerwanie jabłka z Drzewa Wiadomości; nigdy też nie istniał antropoid, przyczyniający tylu kłopotów teologom, skoro nie pozwala ustalić, gdzie kończy się zwierzę i gdzie zaczyna się człowiek; ziemia została stworzona od razu z jej zabytkami i ruinami, niby ów park arystokraty osiemnastego wieku z ułamkiem rzekomo greckiej kolumny na zakręcie alei".

Ruch: galaktyk, atomów, części atomu, wybuchy, przemieszczenia, przemiany. Odruch gniewu, urażonej godności, kiedy dowiedziano się, że człowiek też należy do łańcucha powszechnych przemian, czyli „od małpy pochodzi". Odruch usprawiedliwiony, bo to było dotkliwe. Dotąd wyniesiony nad rzeczy, człowiek musiał zacząć patrzeć na siebie jako na rzecz, jego włączenie do rzędu ssaków zaczynało brać górę nad jego autonomią z boskiego nadania, a moralność i prawo okazały się wytworem jego jako *genus* — podobnie jak buraki produkują cukier, mówiono.

Zastanawiające, że kiedy człowiek był tak naturalizowany, wykazywał coraz większą skłonność do uczłowieczania Natury. Zwierzęta w średniowiecznych *fabliaux* przemawiają i zachowują się jak ludzie, ale dlatego, że są ludźmi w przebraniu zwierząt. Jest to odwrotne do zwierząt w przebraniu ludzi, tej głównej obsesji pisarzy nowoczesnych. Przejęty litością nad zwierzęciem w sobie, nad jego bólem, strachem i zależnością od fizjologicznych potrzeb, człowiek, poniżony, nabywał współczucia dla wszystkiego, co żyje i cierpi, nazywając istnienie obozem koncentracyjnym i znajdując w nim argument przeciwko Bogu.

Oczywiście zmaganie się ze Złem we wszechświecie jest stare i już manichejczycy nie chcieli uwierzyć, żeby tak nędzny świat mógł wyjść z rąk dobrego Boga; ponieważ Boga należało oczyścić, uznali świat za dzieło złośliwego demiurga. A później mnożono teodycee, czyli zręczne systemy, których celem było dowodzić, że Bóg, pomimo wszystko, za Zło nie ponosi odpowiedzialności. Nigdy jednak pozycja obrońców ukrytej harmonii nie była trudniejsza, nigdy manichejska zajadłość nie była tak agresywna jak od chwili, kiedy spostrzeżono, że ból materii żywej jest dźwignią jej Ruchu i że poszczególna istota jest poświęcana w imię wspaniałej, olbrzymiej transformacji obywającej się bez celów. Kiedy nasi potomni będą szukać określenia dla naszych czasów, prawdopodobnie posłużą się słowem „neomanicheizm", ze względu na charakterystyczny uraz do złej materii, której rozpaczliwie jest przeciwstawiana wartość, choć już nie pochodząca z boskiego źródła, wyłącznie ludzka, Barona Münchhausena zdolnego wyciągnąć siebie za włosy z bagna. Wtedy też wszelkie pochwały ciała, swoboda w obyczajach, ukażą się jako pozory, maski: gdyż strach przed ogniem piekielnym nie zniknął, jedynie Piekło, jak dla tych dawnych uczniów Manesa, zagnieździło się w samym naszym poddaństwie, w bezbronności wobec rezydujących w nas naturalnych sił, dziś domeny biologa, lekarza i psychiatry.

Nie są to dla mnie rozważania teoretyczne. Wobec Natury nie jestem „ja", noszę piętno mojej cywilizacji i jak ona mam poczucie zagrożenia, odrazy do nieosobowego, wpisanego w strukturę kosmosu okrucieństwa. Podejrzewam co prawda, że uczłowieczając ból, tzn. rozciągając ból, taki, jakiego doznaje człowiek, na wszystko, co żyje, popełnia się błąd, inny niż wtedy, kiedy zwierzęta uważano za żywe maszyny, ale przez to niewiele lepszy. Być może tam, gdzie nie wkracza świadomość, nie ma cierpienia w naszym sensie, a poza tym nigdy chyba nie potrafimy odtworzyć doznań istot o mniej rozwiniętym systemie nerwowym: przecięta nożem osa, czy raczej jej część oddzielona od tułowia, dalej pije miód, żuk, który stracił właśnie nogę, równie energicznie jak przedtem biegnie ścieżką. Dlaczego więc mam występować jako oskarżyciel, skoro dokonuję projekcji moich doznań na to, co jest Inne, a za moim rzekomym współczuciem kryje się lęk o siebie: bo wiem, że w każdej chwili mogę być wystawiony na taką próbę jak paląca się w płomieniu świecy ćma, nie tylko, wiem nawet, że na pewno czeka mnie mniej czy bardziej uciążliwa śmiertelna agonia.

Tak czy owak, piętno noszę i jeżeli bronię się przeciwko stosowaniu miar zbyt ludzkich, tym bardziej Inne osacza mnie swoją obcością, z jego praw nie mogę wyprowadzić żadnego prawa dla siebie. Gdyż moi współcześni, silnie tknięci manicheizmem, a chcę, czy nie chcę, jestem jednym z nich, bardzo oddalili się od nauk o zgodności z Naturą jako wskazówce zachowania się, o mądrym przyjęciu jej rytmu. Porażeni zwierzęciem w sobie (które niegdyś było trzymane w potrzasku przez Duszę, Rozum) namiętnie szukali Ducha, ale ponieważ Bóg wycofywał się, tracąc swoje atrybuty, Duch mógł być tylko ludzki, jedyny twórca rozróżnień pomiędzy dobrem i złem, przeciwstawiony wszechświatowi nie znającemu dobra ani zła. Choć odnoszę się podejrzliwie do tego, co otrzymałem od innych, mieszkając wśród nich, słuchając ich lekcji, poddając się ich wpływom, odnajduję w sobie mocno już zakorzenione przekonanie o samotności, mojej, człowieka, wobec nieogarnionej przestrzeni, ruchomej, a przecież pustej, bo nie dochodzi z niej żaden głos w mojej, mnie bliskiej i dostępnej, mowie.

7. Krótka dygresja o kobiecie jako przedstawicielce Natury

A zresztą nie opowiadam tylko o nas dzisiaj, ale o całym okresie, od początku ubiegłego stulecia mniej więcej, który kiedyś będzie na pewno rozpatrywany jako jeden rozdział. Nie mogę więc pominąć pewnej szczególnej urazy do ludzkiej fizjologii. Nie tak dawno w Europie czytano dużo Schopenhauera i ból istnienia był popisowym tematem poetów. Wybitną predylekcję do tego tematu mieli ludzie bardzo młodzi, dla których nasza podległość instynktowi, podstępnej woli życia, przybierała postać tajemnicy płci, demonicznych władz kobiety. Ich rozpaczliwe krzyki, nieraz mimo woli humorystyczne, świadczyły o mutacji, jakiej ulegała stara średniowieczna groza wobec skłonności Ewy do sojuszów z wężem, co zresztą przez wieki znakomicie współistniało z ludowym rechotem, ze sprośnymi dowcipami o ciele kobiet. Choć jednak metafizyczny patos, datowany, dajmy na to, 1900, nieco nas bawi, nie powinniśmy się łudzić, nadal do tej samej duchowej rodziny należymy i sednem mnóstwa utworów zaliczanych do tzw. literatury pięknej jest branie odwetu na istnieniu, zaciekłość protestu, której służą przede wszystkim obscena na ponuro.

Niestety żenująca pora naszego chłopięctwa ciągle ten wzór odnawia. I jakkolwiek mocno byśmy chcieli uniknąć staroświeckiego antyfeminizmu, niełatwo zapomnieć o chwili elementarnego ujawnienia: że wklęsłość nie jest tym samym co wypukłość i że orana rola nie jest tym samym co orzący ją rolnik. Mały chłopiec kocha się w Naturze, która objawia mu się jako wielobarwność, czar, urok, i kocha się w kobiecie, w dziewczynce z sąsiedztwa, kto wie, może tak bardzo erotycznie roślinno-ptasio-owadziej, że oddałby jej, gdyby zażądała, swoje zielniki i kolekcje motyli. Ale wstąpienie w adolescencję jest wstąpieniem w strach, strach Natury, strach kobiety, która ukazuje się jako przedstawicielka i sojuszniczka nieubłaganego urządzenia świata. Już sam podział na dwa ma w sobie coś niewytłumaczenie dowolnego: dlaczego dwa, a nie pięć? Dwa, i z tego dziecko, jakby gotowy materiał do przerobienia na dogmat Trójcy i na dialektyczną triadę. Ale gdybyż to można było oddać się, powierzyć siebie, zginąć w tym drugim z dwóch. Jak można, jeżeli to jest inne i podobnie jak tamto inne Natury wabi wymykając się, a choć budzi pragnienie pozbycia się świadomości, nie będzie posiadane inaczej niż przez gwałt świadomy. Rajska dolina, zanurzyć się w niej, zapomnieć, nie, ona czeka na włócznię myśliwca, na radło karczownika, na groteskowy akt zdobywcy, któremu, kiedy dąży w pierwotną szczęśliwość poza myślą i kontrolą, nie wolno pozbyć się myśli i kontroli.

Spojrzenie spoza rzęs, nie więcej niż mgnienie, sekunda, i w nim świadomość inna, czekająca, zaczajona, niemal zamaskowana przed samą sobą. Niejednemu we wczesnej młodości takie spojrzenie otworzyło puszkę Pandory. Kwiat rosiczki zamyka się nad schwytanym owadem, żmija prześlizguje się wśród kwiatów, jastrząb rozdziera jastrzębia: konieczne, nieodwracalne, i któż tu będzie marzyć o komunikowaniu się z Naturą inaczej niż poprzez podbój, współzawodnictwo, wygraną silnych i przegraną słabych? Adolescent wśród doroślejszych i dorosłych czuje się niepewny, kruchy, odtrącony i wyłączony, a kiedy oni wieczorem tańczą na werandzie spowici w swoją erotyczną lepkość, on zbiega do jeziora, wsiada w łódkę i wiosłuje samotnie przez wiele godzin nocy.

Dorośli obrzydliwym uśmieszkiem zaznaczają swoją wyższość i co nazywają „znajomością życia", jest nie więcej niż wtajemniczeniem w arkana seksualnej techniki. Stajemy się wreszcie jednym z nich, godzimy się, że jest tak jak jest. Pewna samozachowawcza obojętność stępia nasze gniewy na zwykły porządek rzeczy. Wcześniej czy później znika też, choć zapewne bynajmniej nie u wszystkich, strach kobiety. A jednak wielu zachowuje wierność wobec zranionego, niezgrabnego podrostka w nich samych, uznaje w głębi serca słuszność jego śmiesznych i niemożliwych do spełnienia żądań.

Szczęśliwa miłość, wzajemna serdeczność, wzajemna szczerość, wzajemne zaufanie. Ale czyż fundamentem tego związku nie jest triumfalna męska siła? Żylasta dzielność oracza uprawiającego Rajską Dolinę? Jeżeli nie wystarcza ona, bo zaiste, sprawy pomiędzy ludźmi byłyby wtedy zbyt proste, to czyż bez niej długo sama sobą mogłaby żywić się miłość? I czyż podrostek w nas, zazdroszcząc nam, nie uśmiecha się z goryczą, on, który chciałby być kochany dla siebie samego, nie dla męskich zalet zewnętrznej wobec niego biologicznej powłoki, przypadkowo albo danych, albo odmówionych? Czy nie tęskni do braterstwa czystych duchów, do miecza położonego w łożu pomiędzy Tristanem i Izoldą?

Natura... Gdyby to można było ustawić ją poza nami jak dekorację, na tle której grałyby się nasze tragikomedie. Niestety dosięga nas ona w tym, co najbardziej intymne, i skoro ktoś otwarcie przyznaje się do zadawnionych z nią porachunków, zasługuje przynajmniej na pobłażliwość.

8. Religia i przestrzeń

„... bluźniercze utożsamienie przestrzeni z nieskończonością.
Ponieważ wszystkie nasze idee mają początek w naszej idei miejsca, psychologia nie oparta na analizie przedstawień fizykalnego wszechświata musi być subiektywna i błędna".

O. V. de L. Milosz, *Les Arcanes*

Systemami filozoficznymi warto się zajmować po to, żeby je zapomnieć, i nie one mnie obchodzą, ale wyobraźnia. Moja wyobraźnia nie jest taka jak człowieka, który żył wtedy, kiedy w symbolach Dantego przeglądał się światopogląd Tomasza z Akwinu, jakkolwiek jej zasadnicza potrzeba — sprowadzania wszystkiego do stosunków przestrzennych — jest ta sama. Przestrzeń jednak uległa zaburzeniom. Poczynając od miejsca, gdzie jestem: ziemia, zamiast być stałą, solidną podstawą, usuwa mi się spod nóg i gdybym, mocą jakiegoś cudownego zrządzenia, zawisł nad nią, wyzwolony z grawitacji, przesunęłyby się pode mną inne okolice, inne krajobrazy, co więcej, przesuwają się w wyobraźni, bo choć wiem, że to absurdalne, siebie obieram za niecielesnego widza spoza układu, przed ekranem, na którym kręci się planeta-kula. Straciłem w ten sposób możliwość podziału na to, co „w górze", i na to, co „w dole". Wykreślając linię pionową nad sobą, nie dosięgnę granicy, na której kończy się świat i zaczynają się sfery Nieba, owijające się dokoła tronu Boga. Żadna sonda nie pozwoli mi też drążyć warstw geologicznych tak głęboko, żeby tam natrafić na pieczary piekieł. Wrząca nieskończoność otacza mnie zewsząd i wymyka się władzom mego umysłu.

Zastanawiano się wiele nad początkami zjawiska zwanego indywidualizmem, nad byroniczną rozpaczą i buntem jednostki uznającej siebie za centrum wszystkich rzeczy i jedynego sędziego. Niewątpliwie zmuszała do tego sama zawartość wyobraźni, w miarę jak przewracała się w niej, koziołkowała hierarchiczna przestrzeń. Każdy, wnikając w siebie, może odtworzyć przebieg owego wielkiego kryzysu. Gdyż wyobraźnia nie znosi ogólnego rozchwiania i chaosu, bez jednego Miejsca, do którego inne są odniesione, i kiedy staje wobec nieskończoności zawsze tylko wzajemnych odniesień, chwyta się jedynej dotykalnej ostoi nazywanej „ja". Czyż teraz nie mam skłonności do przedstawiania siebie jako idealnego, niecielesnego obserwatora zawieszonego o parę centymetrów nad obracającą się ziemią?

Niestety, wysokie przywileje „ja" zachować było trudno. „Ja" zobaczyło ziemię jako jeden z mnóstwa okruchów w przestrzeni i na niej siebie jako jeden z mnóstwa organizmów poddanych prawu przemiany, czyli samo dla siebie stawało się czymś z zewnątrz. Monstrualna podwójność, monstrualna sprzeczność, dostateczna, żeby usprawiedliwić skargi dusz czułych. Co gorsza, czas, zawsze dla nas mocno przestrzenny, wzmacniał swoją przestrzenność, rozciągał się nieskończenie wstecz, za naszymi plecami, i w przód, w tej przyszłości, do której obróceni jesteśmy twarzą. Kiedy żył Dante, ani Natura, ani (świecka) Historia, ustabilizowane, powtarzalne, nie dawały okazji do takich niepokojów. Dzisiaj nie mogę zaprzeczyć, że w tle wszystkich moich rozumowań jest obraz „łańcucha rozwoju" — gazowych mgławic krzepnących w płyny i ciała stałe, molekuł życiorodnego kwasu, gatunków, kolejno po sobie następujących cywilizacji, odcinek dodawany do odcinka, skala zmniejszająca mnie do drobiny. Nie lubię tego i wolałbym, żeby ten łańcuch był jednym z ludzkich urojeń, bo deprawuje mnie, Adama, przymus wyrzeczenia się wiary w moje pięć zmysłów.

Być może tylko nasi romantyczni przodkowie przeżywali ostro swój kryzys wyobraźni, później stopniowo starano się o nim zapomnieć, ponieważ zdawała się z niego wynikać jakaś daremność zbyt dalekosiężnych dociekań; należało więc zwrócić się do spraw ludzi wśród ludzi. A przecie tutaj, nad Zatoką San Francisco, zbierają się przynajmniej raz w tygodniu i chwalą Boga w kościołach episkopalnych, baptystycznych, kongregacjonistycznych, katolickich, w synagogach, i religia dla całej Ameryki jest tym, czym zapewne musi być religia w kraju samotności człowieka: ja, Natura i Bóg. I zaiste lekkomyślnością byłoby uchylać się od pytań, które są pytaniami wszystkich, choć większość wstydzi się je sobie zadawać. Doznali rozpadu hierarchicznej przestrzeni, a kiedy składają ręce i podnoszą oczy ku górze, nie ma już góry. Niech nikt nie mówi, że religia obywa się bez tak prymitywnych kierunków orientacji. Nie dogmaty teologów, ale ludowe wyobrażenia o kosmosie stanowiły o jej wigorze. Zstąpienie i Wniebowstąpienie są dwoma jej przestrzennymi biegunami, bez których zmienia się w czystą duchowość pozbawioną jakiegokolwiek uchwytu za wyobrażalne, co nie jest na ludzką miarę. Jeden z sowieckich astronautów oświadczył w wywiadzie, że latał bardzo wysoko, ale nigdzie nie widział Boga: oto ludowa naiwność religii i antyreligii. Nie jest pewne, czy należy się uśmiechać, bo ci klęczący i podnoszący oczy ku górze różnią się od niego tylko tym, że chcieliby przenieść sfery Nieba dalej, o biliony lat świetlnych, tam gdzie kończy się wszechświat, ale nie mogą przeprowadzić tej operacji; ich wiara jest walką pomiędzy mgnieniem intuicji i godziną obojętności czy znużenia.

Nic chyba nie byłoby równie pasjonujące jak zbadanie tego, co dzieje się w ich umysłach, tej walki pomiędzy chcieć wierzyć i nie móc wierzyć, jak wtedy kiedy już-już chwyta się motyla, ale w ręku zostaje powietrze. Nie pojmuję, dlaczego daliśmy się zastraszyć modzie i wyrzekliśmy się zadań ważnych, elementarnych, tak że tylko onieśmieleni i skrępowani przez swoją obronność duchowni przyznają się czasem do swoich religijnych kłopotów.

Mąż pobożny i bogobojny jest, śmiem twierdzić,

wyższym okazem człowieka niż ruchliwy szyderca, chętnie nazywający siebie „intelektualistą" i dumny ze swojej zręczności w posługiwaniu się ideami, które bierze za swoje własne, choć otrzymał je w lombardzie, zastawiając prostotę serca. Wydaje mi się zresztą, że rodzimy się albo pobożni albo niepobożni i byłbym rad, gdyby wolno mi było siebie zaliczyć do tych pierwszych. Pobożność zresztą nie potrzebuje określeń, albo jest, albo jej nie ma. Trwa niezależnie od podziału na wierzących i ateistów, podziału, przynajmniej dziś, złudnego, skoro wiara jest podminowana niewiarą w wiarę, a niewiara niewiarą w niewiarę. Istnieje sakralność mocniejsza od wszelkich naszych buntów, chleba na stole, chropowatego drzewnego pnia, który j e s t, odgadywana intuicyjnie głębia „bycia" w tym nożu do rozcinania papieru, który tutaj przede mną leży, cały pogrążony, osiadły w swoim „byciu". Moja pobożność wstydziłaby mnie, gdyby była równoznaczna z posiadaniem czegoś, czego nie posiadają inni. Jest to jednak pobożność bezdomna, ocalająca siebie wbrew natrętnym, znicestwiającym obrazom powszechnego nieustalenia i, na szczęście, nie pozwala mi na bezpieczną wyższość.

Religia i przestrzeń: ale stare już spotyka się z nowym. Stare to przestrzeń w wyobraźni jako nieskończenie rozciągłe ciało zawierające, w którym, niby rodzynki w cieście, tkwią bryłki wielorakich światów. Nowe to ruch przestrzeniotwórczy, bo skoro przestrzeń jest czymś relatywnym, a nie absolutnym, dlaczego mielibyśmy przypisywać jej cechy ciasta czy słonia i być porażeni jej wielkością? I oto burzyciel hierarchii, Ruch, okazuje talenty, jakich nie podejrzewali jego wrogowie, obrońcy hierarchii za wszelką cenę. W swoim romantycznym fraku, stojąc na górskim szczycie, samotny wielbiciel własnego „ja" ulegał panice wobec swojej znikomości pod gwiazdami. Czy miałby rację dzisiaj, kiedy „większe" i „mniejsze" traci sens, obalone przez względność? Ruch odmaterialnia i ten ciężar nad ciężary dla wiernych, owa osławiona materia, rozrzedza się do energii światła, zbija się w kłębek pierwszego *fiat lux*, niby u tych średniowiecznych filozofów, którzy stworzenie świata tłumaczyli przemianą (*transmutatio*) niefizykalnego boskiego światła w światło, jak byśmy dziś rzekli, fizykalne. A czas, im bardziej przestrzenniał w wyobraźni, tym szybciej przygotowywało się jego zaprzeczenie: poza-czas. Gdyż wieczność, mimo ostrzeżeń teologów, zawsze przybierała wygląd nieskończonego przedłużania się i dopiero względność wielu równorzędnych czasów otworzyła nowy wymiar, bez przedłużania się i bez naszej przestrzeni. Dopiero wtedy narodził się obraz równocześnie trwających wszystkich zdarzeń i czynów, z jakiegokolwiek czasu, olbrzymiej kolekcji (znów niedołężna przestrzenna metafora) fotograficznych klatek.

Zdaniem niektórych protestanckich pisarzy „śmierć Boga" dotknęła w ich rdzeniu wszystkie wyznania w Ameryce, pozostawiając im obyczajową jedynie żywotność. Żarłoczny owad wyjadający treść religijnej wiary to z pewnością nie tylko modele wszechświata wzięte z podręczników, i nie wystarczy pożegnać się z Newtonem, żeby znaleźć miejsce powszechnego odniesienia. Niemniej kiedy tutaj, na tych wzgórzach, tuż koło jasno oświetlonych w nocy gmachów atomowego laboratorium, gdzie przeprowadzane są eksperymenty dla mnie niezrozumiałe, analizuję moją wyobraźnię, spostrzegam, że nie jest ona już całkiem z dziewiętnastego wieku i że w każdym razie wyzwolono mnie z przestrzeni zakrzepłej niby ciało stałe, zawierającej.

9. O pewnej chorobie trudnej do nazwania

Żadna Cyganka nie przepowiedziała, że opuszczę moje rodzinne okolice na zawsze. A ci, wśród których mieszkam, nie mogą odgadnąć, że przychodzę stamtąd, gdzie nie było samochodów, łazienek, telefonów, gdzie na drogach sypkich latem, błotnistych wiosną i jesienią pięć mil było poważnym dystansem, gdzie ludność obywała się bez lekarzy, ufając domowym lekom, czarom i zamawianiom. Rozmiar kataklizmów niszczących tradycyjne sposoby życia, wyganiających ludzi z ich siedzib został już przyswojony, uznany za oczywistość, ale mnie przyprawia od czasu do czasu o zawrót głowy. Kalifornia nie jest dla mnie tym, czym jest dla większości jej mieszkańców, imigrantów z innych części północnej Ameryki. Jestem ciągle tym małym chłopcem, który za pierwszą swoją wizytą w większym mieście przestraszył się szumu wody w muszli klozetowej, bo myślał, że ciągnąc za łańcuszek zepsuł nie znany sobie przyrząd. Prowadzony przeze mnie samochód jest dla mnie nadal zwierzęciem podejrzanie apokaliptycznym, oswojonym tylko przez jedynego posiadacza takiego wehikułu w naszym powiecie, hrabiego Zabiełłę.

A jednak, jeżeli nie tylko akceptuję moją przynależność do tej cywilizacji kalifornijskiej, ale na wzmiankę o Europie mam niejasny odruch, coś niby wzruszenie ramionami, nie dzieje się to z powodu dziecinnego podziwu dla techniki. Samolot przenosi mnie w ciągu niewielu godzin z San Francisco do zamożnej zachodniej Europy, bawiącej się jak najnowszymi technicznymi *gadgets*. W moich ociężałych przemilczeniach („tak, tak, ale...") jest wiele z uznania konieczności, jak u wszystkich, którzy chcąc nie chcąc z Europy uciec musieli. Co prawda nie byłem jednym z tłumu bosych i niepiśmiennych, zamkniętych pod pokładem w ciągu wielotygodniowej przeprawy przez ocean.

Jako cyfra statystyk wchodzę w skład nowej, późnej fali wędrówek, tzw. emigracji talentów spowodowanej przez europejskie sknerstwo. Niemniej szanuję konieczność, tę samą u mnie i u niepiśmiennego chłopa. Wkrada się jednak w moje przemilczenia i coś innego. Prototyp jest być może ciekawszy niż kopie, a mocny alkohol, przynajmniej zdaniem wielu, lepiej smakuje niż rozcieńczony wodą. Ten wiek dwudziesty, kiedy się nad nim rozmyśla, nie usposabia do radosnych ocen, ale niechże już, skoro nie można uniknąć konfrontacji, zderzenie z nim odbywa się tam, gdzie osiąga on swoją obłąkaną pełnię. To, że przypadło mi w nim uczestniczyć tutaj, w Ameryce, uważam za swój przywilej, podobnie jak kiedyś, w miastach pustoszonych przez totalitarną dżumę, często zdawało mi się, że jeżeli przeżyję, będę bogatszy o wiedzę, bez której edukacja moich współczesnych jest zawsze zepsuta przez zaufanie do retoryki.

Europejscy przyjaciele z ich gniewem na Amerykę i powoływaniem się na wdzięki starego kontynentu? Jasne, że jestem nieuleczalnym Europejczykiem i że wiem, o czym mówią. Nikt nigdy nie potrafi orzec, na czym polega szczęście, ale jednym z warunków szczęścia jest zapewne nieprzekraczanie pewnej skromnej ludzkiej skali. Szczęście to także wielość drobnych wrażeń odbieranych, choć nie użyczamy im uwagi: skarpy zamkowe, drzewo, piesek, rozczochrana kobieta sprzedająca warzywa. Spróbujcie eksperymentu i idąc do pracy wybierzcie raz drogę wzdłuż ścian wielkich gmachów, a drugi raz przez gwarne targowisko, na przykład paryskiej ulicy St. Jacques. Te same dziesięć minut będzie albo jałowe, albo życiodajne. Czyż jestem wyjątkiem, potrzebując zmysłowego związku ze szczegółem? Dały mi wiele szczęścia ulice Paryża, doliny i pagórki francuskiej prowincji, gdzie łupkowy dach w kępie zieleni, pole, mostek, gaj pękały niemal od gęstości swojego niepowtarzalnego, poszczególnego istnienia, wyładowując każdy kilometr nadmiarem rzeczy do obejrzenia i do dotknięcia. To co innego, niż przelatywać trzysta mil autostradami Kalifornii wśród groźnych, spotworniałych widoków, niesamowitych barw światła na gołych górach. Nic równie podniosłego, równie *grandiose* w Europie, a najdziksze jej panoramy są w porównaniu z tym nieduże i oswojone. Pamiętam jednak, że tęsknota do dzikich romantycznych krajobrazów była tworem artystycznej i literackiej mody, nie upajano się tym, kiedy ledwo tknięte siekierą puszcze otaczały pola, przeciwnie, wielbiono Naturę uładzoną, posłuszną. Grupka małych postaci ludzkich kontrastująca z rozległą panoramą jest tym, co nas nadal cieszy w płótnach najbardziej nawet wrażliwych na przyrodzoną malowniczość mistrzów. A kiedy tych postaci zabraknie? Kiedy każda z nich jest tylko obserwatorem siedzącym w maszynie? Krajobrazy Europy są metaforą jej całej przeszłości, jej partykularyzmów, uczuciowych przywiązań do tego, co głupio lokalne, powolnego lepienia się grodów, książątewek w większe zespoły. Miasto-abstrakcja i abstrakcyjne teatrum Natury jako coś, co się mija, są metaforą Ameryki. Wszystko jest p o z a n i m i pasażer samolotu patrzy na telewizję, kiedy przesuwają się pod nim łańcuchy górskie, pustynie, uprawne równiny. W niedostatku szczegółu od dzieciństwa, w zastąpieniu go prefabrykatem (gdyż samochód prefabrykuje już to, co oglądamy przez szybę) należy chyba szukać pierwszych przyczyn drążącej mieszkańców tego kraju choroby, „ontologicznej anemii". Do jej objawów należy ssanie nicości od środka, poczucie zadawnionego głodu, jak wtedy kiedy organizm pozbawiony pokarmu zjada własne zasoby, czy też, wyrażając się inaczej, poczucie skazanego na daremność dążenia do własnego centrum, tak że nie można nigdy przekonać się, czy istnieje się naprawdę i czy jest się tożsamym z samym sobą.

A przecie europejska wybredność nie zda się na nic i maskuje tylko nieodwracalne. Ożywczy szczegół średniowiecznych miasteczek powoli schodzi do rzędu osobliwości muzeum, do którego znaki drogowe kierują turystów z autostrady. Rozczulające, zapewne, jest móc gapić się na balkon Julii w Weronie, ale żeby się tam dostać, trzeba przejechać przez tę inną, prawdziwą Weronę, niezbyt różną od miasteczka w Teksasie czy Kalifornii. Muzeum to już nie to. I turysta z Ameryki waha się na pograniczu jałowoswojskiego i jakby jeszcze nie całkiem swojskiego, zżymając się na fazę przejściową, której oznaką jest zachowanie się Europejczyków za kierownicą samochodu: to im minie, kiedy przestaną traktować przedmiot użytkowy jako swój prywatny tank do manifestowania swojej osobistej potęgi i przewagi. Pomnoży się też liczba autostrad, a coraz więcej wąskich uliczek, gdzie toczyło się kiedyś zwykłe, codzienne życie, za mieszkańców otrzyma wytwórców pamiątek i wątpliwych dzieł sztuki.

Nieodwracalne albo, co najmniej, niemal nieodwracalne. Łącznie ze znanymi już w Ameryce chorobami czy też z jedną chorobą rodzącą inne. Więcej niż samotnością, bo obcością wobec siebie i wobec bliźnich. Niech będzie: alienacją, choć nadużywane to słowo przestało w ogóle coś znaczyć. Zanim się dokona, będą jeszcze półśrodki, półuświadomienia, ucieczki w retorykę. Jeżeli tak, to zaiste przywilejem jest mieszkać w Kalifornii i pić co dzień napój alienacji doskonałej. Gdyż, założywszy, że ród ludzki jest bardziej wynalazczy, niż się przypuszcza, zacząć wydostawać się ze zbudowanej przez siebie pułapki może wtedy tylko, kiedy zmusi go do tego ostateczna dotkliwość.

10. Migracje

O świcie mgła w dole jest burzliwie skłębioną równiną. Wschodzi słońce i w jej wyrwach ukazują się wody zatoki, zarysy wysp i przylądków, wiązki wieżowców. Rosa kapie z sosen, słychać w krzakach za oknem cykanie kolibrów. Na drogach i mostach nabiera częstotliwości ruch, migot mnóstwa mikroskopijnych punkcików. Potem sam wchodzę między śpieszących w swoich celach ludzi, staję się cząstką wielkiego funkcjonowania.

Kroki, twarze, gesty, słowa, dążenie i wykonywanie: wydaje mi się to cudowne. Oto jeszcze jeden dzień, kiedy to t r w a. Być może dla wielu gładka powtarzalność codziennych zabiegów jest czymś do znudzenia normalnym, ale nie dla mnie. Można to wytłumaczyć nałogiem, śladem różnych przykrych doświadczeń. Za mego życia rozpadały się państwa, ustroje, cywilizacje, miasta, i wtedy, dla ludzi schwytanych przez kataklizm — a zdarzało mi się być jednym z nich — lekceważona niegdyś zwykłość przekształcała się we wspomnieniu w utracony skarb drogocenny. Jakiekolwiek funkcjonowanie łagodzące przyrodzoną dzikość wydaje mi się kruche, bez ustanku zagrożone przez chaos, i podejrzewam, że nie ono, ale chaos jest stanem normalnym. Jeszcze jeden dzień sprawnego, naoliwionego obrotu, cóż za dziwo.

Cokolwiek istnieje, można mierzyć naszym żądaniem, żeby było, jakie być powinno, ale można też zadawalać się niedużym, wszelkimi jako tako. Człowiek boi się bólu, ucieka od fizycznej tortury i głodu, a zdrowy chyba cynizm podszeptuje nam, że duchowe cierpienia ustępują na dalszy plan wobec pierwszych potrzeb. Myśl o założeniu ojczyzny idealnej, Nowego Jeruzalem, prowadziła do Ameryki pierwszych pielgrzymów, ale jej ludność składa się prawie wyłącznie z potomków zbiegów, którzy opuścili swoje rodzinne kraje wygnani z nich twardym musem. I nagle nieprawdopodobny triumf tego przyjęcia niemiłej dla ludzi ducha przesłanki: że przyziemne, grube, materialne, praktyczne jest silniejsze niż cokolwiek, co rezyduje w naszym umyśle; Ameryka otoczona zawiścią, podziwem, gniewem mieszkańców Ziemi, przeważnie mrących z głodu albo torturowanych przez samowolę rządów.

Ludowa legenda Ameryki, tak silna w Europie, upiększa jednak coś, czego nie należałoby upiększać. Jak każda legenda, krzepnie i utrzymuje się przemilczeniem, wybiera ze złożonej rzeczywistości tylko jej ponęty. Opuszczali swoje wioski i miasteczka powziąwszy decyzję nieraz zbliżoną do decyzji samobójcy, kładli wszystko na szalę i jechali w nieznane, ale kiedy znaleźli się w tym nieznanym, ogarniała ich rozpacz, jakiej nigdy nie doznali tam, w starym kraju. Byli przyzwyczajeni spożywać swój chleb w pocie czoła, ale ich praca włączała się w rytuał takiej czy innej wspólnoty, z jej tradycjami, wierzeniami i sąsiedzkim błogosławieństwem. Śmierć jako sankcja, „kto nie pracuje, niech nie je", należała do milcząco przyjętej ludzkiej doli, ale nie była wymierzona przeciwko nim jako jednostkom, jarzmo dźwigała razem rodzina, krewni, przyjaciele. Teraz każdy z nich był taksowany z osobna i, izolowani pośród izolowanych, swoje życie dostawali w kilku banknotach w dzień wypłaty. Zamieszkiwali rudery składające się na całe dzielnice potępieńców, dla których jedynym dozwolonym celem było jadło i przyodziewek. Poznali strach przed bezrobociem i duchowe cierpienie, jakiego nie umieli nazwać, więc nazywali je tęsknotą za rodzinnym powiatem. Wtedy czepiali się jednego, potężnego marzenia: wrócić. Równocześnie jednak duma nie pozwalała im przyznać się do pomyłki i pisali do domu kłamliwe listy, donosząc, że wiedzie się im znakomicie. Wiedzieli, że nie ma powrotu, i nawet ci z nich, którzy, odmawiając sobie wszystkiego, ciułali pieniądze na powrót, wiedzieli w głębi serca, że podtrzymują siebie ułudą. Pozostawała im inna, trochę bardziej uzasadniona, nadzieja: że kiedyś wyniosą się z dzielnicy potępieńców do innej, jednej z tych, gdzie za białymi kolumienkami u wejścia, w schludnych domkach pędzą swoje dni i noce rumiane i dobrze zabezpieczone rodziny.

Ten ludowy heroizm poddania się nieuniknionemu. Płacz, buntuj się, ale musisz, więc zamykasz się w sobie i robisz co trzeba. Wielu z nich przeniosło się do lepszych dzielnic, niektórzy do najlepszych, bo nagromadzili fortuny, większość przerzuciła swoją nadzieję na dzieci i one to dopiero wyniosły się ze slumsów i przyfabrycznych baraków. Kiedy jednak obfitość pozwoliła milionom zakosztować dobrobytu, pozostała pamięć, nie historyczna, bo cóż ich obchodziły przygody monarchów, bitwy o przesunięcie granic, wygrane czy przegrane rewolucje. Tutaj, nad Zatoką, prawie każdy i prawie każda pośród posiadaczy domków i samochodów traktuje swój los z odrobiną niedowierzania. Bo ten mężczyzna pamięta długie deliberacje rodziny prowadzone w którymś z europejskich narzeczy o niemożliwym wydatku na kupno pary butów; albo ogonki po bezpłatną zupę w latach wielkiego kryzysu i swoje, jedyne w domu zarobki dziecka sprzedającego jabłka na ulicy. Ta znów kobieta żyje ze wspomnieniem smutnego ceglanego muru za oknem, podwórza, gdzie chuderlawe drzewko musiało jej starczyć za cały nigdy nie widziany las przyozdabiany dziecinną fantazją; albo z żałością przypomina sobie twarz dziadka-imigranta, prostego człowieka, który niczego nie wygrał, niczego nie osiągnął. I kiedy dla mnie codzienność jest godna pochwały, ponieważ pod cienką warstwą, po której stąpa się ostrożnie, hulają wulkaniczne złośliwości Historii, dla nich też, choć z innych powodów, zdobywany i utwierdzany co dzień sukces jest podminowany żywiołem gotowym wybuchnąć i przywrócić ich tej bezbronności i nędzy, jakiej stawiali czoło ich ojcowie.

11. Zdarzenia w Kalifornii

„Kto wie, może ten kontynent w ogóle nie był przeznaczony dla białego człowieka i lepiej byłoby, gdyby zostawiono go w spokoju" — powiedział mi mój europejski przyjaciel. Zgadzałem się z nim, kiedy odgadywał w tutejszych górach i pustyniach obecność potężnych, mściwych demonów, z którymi zapewne tylko Indianin umiał utrzymać przymierze. Choć w Kalifornii nawet Indianinowi nie zdawały się okazywać życzliwości, pozwalając się przebłagać tylko dlatego, że zatrzymał się na najniższym szczeblu cywilizacji, bez rolnictwa i bez użytku metali. Zawsze mnie też zastanawia, dlaczego tak długo biały człowiek Kalifornii unikał, choć dochodziły go wieści o niej w raportach żeglarzy. Raporty zresztą były nieprzychylne: mglisty ocean, sprażone urwiska, niedostępny las, cierniste gąszcza. Nikt nie mógł przewidzieć plantacji cytrusów i pomarańcz, uprawnych dolin nawadnianych sztucznie, fabryk samolotów i rakiet do podróży międzyplanetarnych. Prehistoria, millenia pokoleń przemijających bez kronik, bez innych śladów niż krzemienne groty znajdowane w glinie, spotkała się tutaj z wiekiem dziewiętnastym, ale nie z wiekiem dziewiętnastym rewolucjonistów i poetów, z tym innym, twardszym wiekiem równych praw każdego do żądzy złota.

Nie, pomiędzy prehistorią i zwycięstwem prywatnej własności było jeszcze krótkie intermedium. Czy z nauk świętego Franciszka da się wydedukować wielki projekt organizacji ludzkiego społeczeństwa, jest wątpliwe. Jednak franciszkanin, ojciec Junipero Serra, urodzony na Majorce, wierzył, że jest wierny patronowi swego zakonu. Kiedy wyruszał na grzbiecie muła z Meksyku na północ w 1769 roku, nie kierował się chęcią przysporzenia sobie bogactw ani sławy; nie troszczył się też prawdopodobnie o korzyści dla korony hiszpańskiej, choć Hiszpania, bojąc się zakusów rosyjskich na swoją nominalną posiadłość, dodała mu oddział żołnierzy. Junipero chciał uratować od wiekuistego potępienia dusze tych, do których nigdy nie dotarła dobra nowina. To, czego później dokonał, surowy dla siebie i swoich pomocników, być może nie spotkałoby się z pełnym uznaniem świętego z Asyżu, ale było wynikiem przemyślanego planu biorącego pod uwagę ułomność ludzkiej natury, a zwłaszcza dziecinną mentalność Indian, za których zbawienie był odpowiedzialny. Ochrzczeni, nauczeni rolnictwa i rzemiosł, nie powinni byli zaznajomić się z chciwością posiadania. Toteż uprawiali rolę wspólnie i płody swojej pracy składali we wspólnych magazynach, skąd wydzielano każdej rodzinie wedle jej potrzeb. Obowiązywała ich skromność w obyczajach i ubiorze, ścisła monogamia, udział w religijnych obrzędach i posłuszeństwo przełożonym*. Mając tak wytyczoną drogę doczesną, mogli spodziewać się przebyć bez większych pokus lata im wyznaczone przez Stwórcę. Nie zaniedbywano też sztuk, jeżeli służą na chwałę Boga, i zdolniejszych ćwiczono w rzeźbie oraz malarstwie, jak świadczy choćby wnętrze kościoła misyjnego w Santa Barbara, gdzie ręce indiańskich artystów wyciosały z drzewa imitację drogiego hiszpańskim zakonnikom marmuru.

W zachowanej, jak kiedyś była, celi ojca Junipero Serra w Misji Carmel wzrusza jego wąskie wyrko, nie więcej niż deska, na której, pod żelaznym krucyfiksem, przez niewiele godzin nocy pozwalał sobie na sen, pewnie ubolewając, że musi tak pobłażać ciału. Złocone grzbiety tomów jego biblioteki w sąsiedniej celi jeszcze bardziej skłaniały mnie do milczącej medytacji. Choć przywędrował tutaj z Europy, która czytała wtedy Voltaire'a, zachował obojętność wobec takich bezbożnych i przejściowych nowinek. Wspomagany traktatami teologii, zmierzał do urządzenia poddanej sobie

* Nie było to bardzo wesołe życie, karę chłosty stosowano za najlżejszą niesubordynację.

małej społeczności tak, aby włączała się w niezmienny wiekuisty ład ustanowiony przez Opatrzność. A przecie klęska jego przedsięwzięcia przygotowywała się we wzgardzonej przez niego domenie ruchu, niepoważnych haseł i walk. Europa była zarażona postępem, co nie podobało się wielkim właścicielom ziemskim w Meksyku, którego Kalifornia była najbardziej odległą prowincją. Kiedy wspomagani przez Kościół (największego ziemskiego właściciela) zbuntowali się przeciwko królowi Hiszpanii w 1821 i ogłosili niepodległość, od dawna już krążyły były wśród nich wieści o zanadto bogatych misyjnych gospodarstwach-komunach. Zaraz więc położyli na nich rękę i rozdrapali je między siebie, zmieniając tych nielicznych potulnych Indian, którzy nie uciekli gdzie oczy poniosą, w swoich parobków. Wielki projekt zeszedł na nic, na szczęście dla siebie ojciec Junipero leżał już wtedy od paru dziesiątków lat w swoim grobie na podwórzu Misji Carmel. Zostały po nim budynki kilkunastu misji z kamienia i nie wypalonej cegły, łączący je szlak z południa na północ — gościniec królewski, El Camino Real, oraz nazwa nadana wiosce nad zatoką, początkowo wspominanej w kronikach eksploracji jako Yerba Buena. Mieszkańcy jej, do chwili kiedy chrześcijanie wskazali im na przyrodzoną nieprzyzwoitość ciała, chodzili goli i na swój sposób rozwiązywali problem zimnej oceanicznej mgły: na noc smarowali się błotem, które wykruszało się na nich, kiedy słońce przygrzało. W przyszłym mieście San Francisco pociąg do obnażania się miał być jedynym objawem wierności wobec ich duchów, poza tym miasto nie troszczyło się o żadne dziedzictwo, a już najmniej o nauki dobrowolnego ubóstwa.

Projekt, jak wskazuje pochodzenie słowa, jest to rzucenie myśli przed siebie, tak że zyskuje ona samoistność i spełnia się nie tylko z pomocą rzucającego, także jakby niezależnie od niego. Być może w każdym projekcie dotyczącym ludzkich społeczeństw jest coś z samopoświęcenia na rzecz tych, co będą żyli po nas. Triumf Kalifornii był jednak wypadkową grubych apetytów, jawnej arogancji „ja" nie wstydzącego się proklamować, że dba tylko o swoje, i nie upatrzyć tu marzeń starego Fausta. Spacerując po odbudowanym Forcie Ross, niedaleko ujścia Russian River do oceanu, próbowałem sobie wyobrazić ociężałych Rosjan zasiadających tutaj kiedyś pod samowarem w drewnianym domu komendanta, tak nieamerykańskim, jakby przeniesiono go tu z Syberii, czy modlących się w niedużej drewnianej cerkwi. Ich dyplomacja (bo za częstokołem zaczynała się dziedzina indiańskich plemion, z którymi ani nie toczyli wojny, ani nie starali się ich nawracać, prowadząc natomiast z nimi handel), ich jedyne prawdziwe na tym wybrzeżu armaty nasuwają przypuszczenie, że w ich głowach istniał zarys projektu. Naprawdę jednak ściągnęła ich z Alaski do Kalifornii obfitość fok i zwierzątka o futrze najcenniejszym z cennych, wydry morskiej, a ich to okręty przede wszystkim przyczyniły się do jej wytępienia, tak że dzisiaj jest rzadkością. W Forcie Ross oddawałem się historycznym fantazjom, zapytując siebie, co by się stało, gdyby pewnego grudniowego dnia 1825 roku na placu wojskowych parad w Sankt-Petersburgu zwyciężyli rewolucyjni oficerowie, nie car Mikołaj I. Dekabryści, jedyni jak się zdaje w Rosji, doceniali rolę zamorskiej ekspansji i prawdopodobnie fortu nie pozbyliby się tak łatwo. Został sprzedany w kilkanaście lat później największemu ziemskiemu posiadaczowi w tych stronach, Johannowi Augustowi Sutter, awanturnikowi rodem z Bazylei, bez profitu, bo konwój wiozący pieniądze z transakcji wpadł w zasadzkę, czemu Sutter nie był, załóżmy to z braku przeciwnych dowodów, winien.

Czy było projektem powoływanie się na *manifest destiny*, oczywiste przeznaczenie, zmuszające Amerykanów do pochodu na zachód, aż do brzegów Pacyfiku? Ależ oni szli przed tym, nim wynaleziono to hasło, zafascynowani dziewiczą Naturą, jej nieskończoną potencjalnością, obietnicą, przedłużając tę swoją ucieczkę, która raz już pomiędzy nich i ich stare kraje położyła ocean. A nawet liczba mnoga jest tutaj zawodna, bo każdy był osobny, każdy grał swoją własną stawkę, *Tropiciel* Fenimore Coopera z jego wewnętrzną sprzecznością: coraz dalej, byle dalej od za ciasnej cywilizacji, w pierwotne, w nie nazwane, gdziekolwiek jednak stąpnął, już inni zaraz posuwali się utorowaną przez niego ścieżką, a on musiał znów przeklinać, co mimo woli spowodował. I *manifest destiny* i zaborcza wojna z Meksykiem, która oddała w ręce Amerykanów cały Daleki Zachód łącznie z Kalifornią, były więc następstwem, owocem, usankcjonowaniem żywiołowego pędu, nie realizacją zamiaru ustanawiającego początek. Nikt też nie narzucił tępienia Indian jako najwyższego, szlachetnego zadania, posłannictwa. Popychała do tego namiętność, odraza jasnoskórych i jasnowłosych do ciemnoskórych i czarnowłosych, tak silna, że wyłączono ich z rzędu ludzi i pobożny patriarcha dbały o moralność swoich synów i córek zabijał z dumą, przekonany, że oczyszcza ziemię z plugastwa kalającego jej oblicze. Zabijano zresztą dużo i nie tylko Indian. Raz jeszcze okazywała się cała względność przyswojenia chrześcijaństwa przez ludy Europy. Gdyż założywszy, że chrześcijanin wierzy w Piekło, powinien raczej zginąć, niż narażać swoją duszę na wieczną karę po to tylko, żeby przez śmiesznie krótką doczesność jeść, pić alkohol i spać z kobietą. Prawdopodobnie więc obraz Piekła nie mógł nigdy usunąć niejasnych ludowych podejrzeń: że przynależy on do odświętnego, jak najbardziej potrzebnego, rytuału, który łączy uczestników wspólnoty we wzniosłości i grozie, ale jest oddzielony od codziennych prac i walk, podobnie jak u dzieci powaga zabaw i straszność bajek nie naruszają podziału na naprawdę i na niby.

Wojny — ale te tylko dla indiańskich obrońców były wojnami. Dla białych były to ekspedycje policyjne przeciwko przestępcom, których wina była z góry udowodniona, ponieważ przeszkadzali imigrantom w ich swobodnej działalności na gruntach, jak bez wahania utrzymywano, niczyich. Podbój, zaiste, poprzedzał projekty podboju, a gorliwość nie szukała nawet zbytnio pretekstów. Ostatnie niepodległe indiańskie plemię w Kalifornii, Modok, nie zagrażało już przecie w roku 1867 chyba niczym. Ścigano je, aż wędrując coraz wyżej po skalnych grzbietach, schroniło się całe, z kobietami i dziećmi, w jaskiniach zamienionych w górską twierdzę. Nastąpiło oblężenie: karabiny i armaty przeciwko łukom i procom. Ale Indianie byli znakomitymi łucznikami i tylko po kilku miesiącach wzięto ich głodem. Starczyłoby tego za temat do heroicznego eposu, jednak nie powstanie nigdy, bo upadek twierdzy oznaczał koniec plemienia i jego języka.

Niech to będzie urojenie — ale na tym kontynencie czuje się demoniczną obecność, jakby dbałą o to, żeby człowiek chrześcijański ujrzał się w jestestwie swoim i wyzwolił z siebie całą swoją brutalność. Ktoś bezimienny dba o to, żeby niszczyć w nim ideologie i, jak dotychczas, nagradzać nie za ich posiadanie, ale za ich brak. I później, pomimo całej swojej skłonności do faryzeizmu, człowiek o takiej wiedzy miał odnosić się z pewną obojętnością do gwałtów dokonywanych na ludziach przez ludzi. Czego nigdy nie mogą zrozumieć Europejczycy skarżący się na horrory swoich wojen i totalitarnych rządów, bo w ich legendach Ameryka jest zawsze tylko malowniczą przygodą.

12. O tamtym stuleciu

Zewsząd zagarnia mnie tutaj wiek dziewiętnasty. Nie przemawia architekturą budynków, bo miasta Kalifornii są nadal obozowiskami, z tą różnicą, że zamiast wozów krytych płótnem i namiotów ustawiono domy. Domy te są nietrwałe, ich tynk łudzi pozorem muru, ale materiałem jest drzewo, tanie na Zachodnim Brzegu i bardziej odporne na trzęsienia ziemi. Na domach zaprawia się mania burzenia i budowania na nowo, a szybkość, z jaką nieduża ekipa w kolorowych hełmach wznosi rusztowanie z patyków i kryje je dachem, ma w sobie coś z magicznej pracy wróżek. Tylko więc z rzadka natrafia się na szacowny zabytek, ceglany gmach dawnej fabryki liczący sobie lat siedemdziesiąt, czy na drewniane fasady jak z westernów, ze słupami do przywiązywania koni. Trwałością i dostojną patyną odznaczają się tylko misyjne budowle ojca Junipero Serra, lepione przeważnie wtedy, kiedy we Francji ścinano króla i miażdżono młotem głowy świętych na romańskich portalach. Nie architektura, ale jednak wiek dziewiętnasty coraz to przypomina o sobie jako jedyna tutaj historia: w książkach o „wesołym San Francisco” z czasów gorączki złota, słynnym ze swoich knajp i burdeli; w antykwarycznych sklepach z ich kolekcjami butelek, których złoża są odgrzebywane w pobliżu dawnych obozów drwali i płukaczy złota; w cmentarzach na sprażonych słońcem pagórkach, gdzie leżą przybysze z Irlandii, Włoch i Niemiec zmarli przeważnie śmiercią gwałtowną w 1850 czy 1860 roku; w szlakach dyliżansów banku Wells and Fargo; w torach kolejowych kładzionych przez chińskich kulisów, których śladem są poza tym nazwy, jakieś China Camps i China Creeks, albo gdzieniegdzie prawdziwa chińska świątyńka podobna do wiejskich kościołków w Polsce.

Nie lubię genialnego wieku dziewiętnastego. Nawet

uwikłany w makabryczność mego czasu, i widz, i aktor Grand Guignolu, zawsze myślałem, że nie chciałbym żyć wtedy i że wolę, co mnie przypadło. Był to wiek, kiedy napłodzono nie znaną dotychczas ilość słów i kiedy nauczono się maskować nimi, jak nigdy przedtem, zasadniczą dwoistość człowieka. Wydzielanie z siebie tak zwanej kultury, jak gąsienice jedwabnika wysnuwają z siebie nitkę, należy do ludzkich atrybutów, jednak zarazem każda ludzka istota jest ciałem, jego fizjologiczne funkcje są rodzajem bezustannej drwiny ze zmieniających się przepisów towarzyskiego obcowania i myślowych konwencji. Może się mylę, ale u naszych dalszych przodków odgaduję odruchową, mało świadomą, pobłażliwość wobec tak niesamowitego układu. Właśnie ich zgoda na konwencje świadczyłaby o przyjmowaniu ich i użytkowaniu ze szczyptą soli. Najgórniejsze wzloty odbywały się z towarzyszeniem chóru, a ten chór był rubasznym rechotem. Kazania, dzieła teologii, sonety zdradzały się ze swoją szlachetną sztucznością, ponieważ współżyły z wiedzą mniej dostojną, wyrażaną przy pomocy niewybrednego humoru. Z wiekiem osiemnastym kończy się pogodna, beztroska literatura obscenów — odtąd już nie będzie prawdziwej, czyli nienienawistnej pornografii, co tylko z pozoru jest mało znaczącym przypadkiem.

Wiek dziewiętnasty był wiekiem ducha. Obowiązywał wysoki ton, i ten ton, kiedy raz się rozległ, sam już poczynał równie wysoki ton, choćby to był bunt przeciwko tym, co pierwsi tak instrument nastroili. Duch rozsadzał konwencje, ale ktokolwiek je łamie, tworzy tym samym nowe i teraz już, ponieważ zdobywano je wśród burzy i naporu, wydawały się czymś absolutnym, zbyt poważnym, żeby wolno było je poniżać sceptycznym uśmiechem. Zacni niemieccy profesorowie w szlafmycach oddawali się filozoficznym orgiom. Poeci znęcali się nad więzieniem cielesności, w którym ich bezgraniczny duch był zamknięty. Politycy deklamowali na trybunach o wolności, równości i braterstwie. Na plebanii śpiewały eteryczny duet pastorówny, cisza ksiąg i kwiaty przed oknem chroniły od świata wyspę poetycznych rojeń. Jednak tuż obok, w przemysłowym mieście, snuli się i padali z głodu na ulicy ludzie-upiory. I ta inna ludzkość, przyziemna, obojętna na ducha, otwarcie podwójna, bo godząca swoje modlitwy z prymitywnymi bodźcami głodu i seksu, wyrajała się na amerykański kontynent, ona to zdobywała i poddawała swojej woli Kalifornię. Ci biedacy, którzy ginęli od kuli albo noża, których nagrobki, najczęściej ufundowane ze składek towarzyszy, oglądam na cmentarzach koło dawnych płuczek złota, zaiste nic nie wiedzieli o komentatorach Kanta. Gnała ich tutaj, przez tysiące mil morza i lądowych pustyń albo przez jeszcze liczniejsze tysiące mil okrętowej podróży dokoła przylądka Horn, potrzeba głupia i mało wykwintna.

Tak, to prawda, właśnie wiek dziewiętnasty, ze współczucia dla wszystkich takich jak oni, potrafił obnażyć zależność Ideału od pełnego albo pustego żołądka. Socjalistyczne gminy i falanstery miały być schroniskami, gdzie nic nie przeszkodzi Ideałowi w rozkwicie, ponieważ zniknie natarczywość pierwszej potrzeby. Wkrótce też marksizm przeciwstawił duchowi materię — ale dziwna to była materia, materia-słowo, zrodzona z wysokiego tonu filozofii. Gdyż mocą tajemniczych zrządzeń (Opatrzności?) wyposażył ją w swoje cechy zawarty w niej duch dialektyczny, tak że samoczynnie, wedle swoich praw się rozwijając, powinna była nieuniknienie doprowadzić do triumfu dobra. Dobra, czyli obalenia prywatnej własności, co już oczywiście wystarczyłoby, żeby z poczwarki naznaczonej podwójnością wyłonił się motyl, człowiek anielski oddany szczytnym twórczym zadaniom.

Kalifornia wydaje mi się nieprawym dzieckiem albo ilustracją do bajki o głupim Jasiu, albo jednym z tych figlów, jakie stale płata Historia po to, żeby zaznaczyć dystans pomiędzy swoimi pracami i naszym o niej wyobrażeniem. Wieżowce San Francisco po drugiej stronie Zatoki, które widzę z okna, jeżeli nie zakrywa ich nisko leżąca chmura, wyrosły z żywiołu gorszego, wstydliwego, z materii nie podniesionej na wyżyny ducha. A sztandar kalifornijski, rozwijany w dnie uroczyste obok gwiaździstego sztandaru, jest przypomnieniem dość idiotycznych początków. W 1846 roku kilkunastu jankeskich awanturników, przeważnie zbiegów z wielorybniczych okrętów, wypiwszy w miasteczku Sonoma dużo wina, wpadło na pomysł proklamowania niepodległej republiki, aresztowali więc meksykańskiego alkada, który dobrodusznie oddał im swój pistolet. Na maszt wciągnęli sztandar z wymalowanym na nim naprędce niedźwiedziem, na który to cel żona jednego z nich poświęciła swoją spódnicę.

13. O westernie

Tyle słów, tyle ducha, a czyż nie podrywa trochę zaufania do niego mit obrazkowy przejęty przez całą Europę, western, którego treścią jest: kto szybciej strzeli? Western to produkt Kalifornii, nie tylko dlatego, że tutaj mieści się Hollywood. W plenerowych zdjęciach łatwo rozpoznać znajome trawiaste pagórki z ich głazami i czarnymi plamami kolczastego dębu, jałowca albo pustynię Mojave, albo lasy Sierra Nevada. Poza tym roczniki starych kalifornijskich gazet mogą dostarczyć wątków akcji, jakich dusza zapragnie, bo sztuka humorystycznego reportażu stała w nich wysoko i Mark Twain nie był pod tym względem wyjątkiem. W europejskim mieście mojej młodości jeden z moich przyjaciół stracił pracę w lokalnym dzienniku, ponieważ napisał wierszem sprawozdanie z rozprawy sądowej, której przedmiotem było zabicie panny młodej na chłopskim weselu przez wzgardzonego rywala. Dotychczas pamiętam nawet te słowa poety:

„Leżała w grobie zimna jak dzwonko ulika"

co uraziło redaktora, uznał to za naigrawanie się z ludzkich uczuć. Nikt nie stawiał takich ograniczeń amerykańskim reporterom z epoki lassa, pistoletu i dyliżansu, więc głośna lektura ich krótkich, zwartych powiastek nadal nas bawi przy dzbanie kalifornijskiego wina w te wieczory, kiedy za oknem mgła, a grube kłody palą się na kominku. Na przykład powiastka o nieprzyjaźni dwóch miasteczek i o aptekarzu, który ważył swoje proszki, kiedy spostrzegł na ulicy kogoś z wrogiego grodu, rzucił więc proszki, schwycił za pistolet i wywalił w nienawistnego przechodnia cały magazyn, co zresztą ze swoich okien robili wszyscy.

Jeżeli jednak te płody dziennikarskiego pióra filtrowały i przerabiały prawdziwe zdarzenia zgodnie z wymaganiami dowcipu i pointy, western całkowicie wkroczył w wymiar baśni, formalizując swoje motywy, układając je niemal w algebraiczne równania, których sednem był podział bohaterów na złych i dobrych, z nieuniknionym triumfem sprawiedliwości. Francuski poeta Blaise Cendrars, otarłszy się w swoich kosmopolitycznych wędrówkach o Kalifornię, napisał opowieść dokumentarną *Złoto albo historia cudowna generała Johanna Augusta Suttera*, i właśnie ta książka dostatecznie wskazuje na dystans pomiędzy faktami i wysnutą z nich baśnią westernu. Johann August Sutter nie był, jak się zdaje, ani szczególnie zły, ani dobry, a jego niezwykłym przygodom brak jest *happy endu*. Syn starej firmy papierniczej w Bazylei, bankrut ścigany za długi, uciekł, zostawiając żonę i dzieci, do Paryża, stamtąd do New Yorku, gdzie niezbyt pachnące zajęcia przyniosły mu trochę pieniędzy, tak że mógł ruszyć dalej na zachód. Dotarł do Oregonu, stamtąd na Hawaje, po to żeby zorganizować tam handel niewolnikami łapanymi na wyspach Polinezji. A później, kiedy już przygotował transport kanaków mających mu służyć za robotniczą ekipę, rosyjski żaglowiec wysadził jego tylko samego (transport kanaków miał przyjść osobno) na pustym brzegu, w miejscu gdzie dzisiaj stoi miasto San Francisco. Działo się to wtedy, kiedy w Kalifornii nie było białych, poza niewieloma rodzinami hiszpańskich hodowców bydła, kilkunastoma żołnierzami Meksyku i silniejszą od nich załogą rosyjskiego fortu. Sutter posiadł ziemie rozciągające się na tysiące mil kwadratowych od podnóży Sierra aż do oceanu i założył swoje udzielne państwo, które na pamiątkę ojczyzny nazwał Nową Helwecją i którego był jedynym panem. Jego wola zbudowała akwedukty, przekształciła pustkowia w uprawne pola i winnice, z każdym rokiem pomnażała fortunę. Był królem otoczonym gwardią przyboczną złożoną z jankeskich marynarzy dezerterów, chronił pracujących dla niego Indian, wojował z krnąbrnymi plemionami, dla niego konwoje mułów wlokły przez cały kontynent kosztowne wytwory Europy, nie wyłączając fortepianu Pleyela. Nieprędko, utwierdzony w bogactwie, sprowadził rodzinę, kiedy dzieci jego już były dorosłe, okrętem, żeglującym wtedy, przed wykopaniem Kanału Panamskiego, przez Cieśninę Magellana. Bardziej niż jego wzniesienie się na szczyty przemówił do wyobraźni francuskiego poety jego nagły upadek, niby, jak powiada, szekspirowskich królów. Na gruntach Suttera przypadkiem, przy budowie młyna, znaleziono złoto i nie udało się utrzymać tego w tajemnicy. Na Nową Helwecję spadła inwazja hord, które nie szanowały żadnych granic, wieszały Indian Suttera, grabiły i niszczyły. Sutter wkrótce stracił wszystko, a żeby zły los się dopełnił, katastrofy zabiły też jego synów. Cóż z tego, że w pewnej chwili składano mu najwyższe honory jako założycielowi San Francisco, że tytułowano go generałem, że dzisiaj jego imię noszą ulice, a Fort Suttera w Sacramento konserwowany jest jako zabytek? Johann August Sutter w starości był tylko bankrutem, pieniaczem-maniakiem powołującym się w Waszyngtonie na legalnie przyznane mu przez Meksyk prawa własności, żebrzącym bez skutku kongresmenów o pomoc.

Morał tej historii jest niejasny, jak niejasna jest wszelka linia losu. Francuski poeta, choć oddalił się od prostoduszności westernu, też prowadził tę linię tak, jak mu dyktowały względy literackiej kompozycji. Można byłoby zapewne przedstawić ten życiorys na dziesięć sposobów i każdy z równą słusznością pretendowałby do prawdopodobieństwa. Sutter był rzezimieszkiem, handlarzem niewolników, przykładem najwyższego męstwa i energii zdolnej do realizacji marzeń, wyzyskiwaczem Polinezyjczyków i Indian, ich patriarchalnym opiekunem, gospodarzem, cywilizatorem, lekkomyślnym zbiegiem zostawiającym rodzinę w nędzy, czułym mężem i ojcem, pyszałkiem, wariatem — jak kto woli.

Prawda o tamtej minionej Kalifornii czy całej Ameryce wymyka się, jest wieloznaczna, i na próżno byłoby szukać jej w mitach wymyślonych po to, żeby zanadto nie dolegał nam nieporządek dotykalnych rzeczy. Poza zręcznym strzałem, tak że ręka zaledwie odrywa się od biodra, jest rana ropiąca się być może przez całe tygodnie, gorączka, smród przepoconego ciała, brudne szmaty legowiska, uryna, ekskrementy — ale western tego nie pokaże. Poza barwnymi strojami nie wolno domyślać się nękającego świerzbu od wszy, natartych do krwi nóg, całej nędzy męskich i kobiecych ciał wystawionych razem na próbę przetrwania, kiedy niewiele waży wyuczona moralność. Nie należy też zanadto wnikać w pokrętne przyczyny czyjejś szlachetności czy nieszlachetności. Ponieważ biały człowiek zdobył, co chciał, w ciągłej walce z innym białym człowiekiem i czerwonoskórym, musiała przyozdobić zwycięzców baśń idealizująca przewagi, wychwalająca prawych i potępiająca nieprawych. Nieraz skłonny jestem przepowiadać, że w Ameryce powstanie kiedyś zupełnie inny western, zdolny wydobyć z dokumentów i kronik całą niczym nie łagodzoną grozę i enigmatyczność. Choć nie byłbym zbyt pewny, bo sprzeciwiłyby się temu odwieczne upodobania słuchaczy, czytelników, widzów, spragnionych utożsamienia się z herosem. I zresztą bądźmy sprawiedliwi — te dzieje są pełne, bezimiennego przeważnie, bohaterstwa.

Przełęcz Donnera, ile razy tamtędy przejeżdżam z Kalifornii do Nevady, jest dla mnie złowroga, choć zapisane świadectwa są sprzeczne i nie wiem, ile prawdy zawiera ponura saga, na zawsze złączona z tym miejscem. Donner prowadził w 1846 karawanę kilkunastu rodzin ze wschodu i dobrnął na przełęcz za późno, kiedy śnieg w wysokich Sierras uniemożliwiał zejście w dolinę. Założony obóz, po wyczerpaniu się zapasów i zjedzeniu wszystkiego, co nadawało się do spożycia, nawet kawałków skóry, stał się sceną wydarzeń, o jakich wolimy nie myśleć, bo ostatecznie brak nam pewności, że nigdy nie uleglibyśmy pokusie ludożerstwa. Podobnie jak później w europejskich kaźniach za drutami, najwyższe bohaterstwo nielicznych, wybierających śmierć w niemożliwej przeprawie przez góry, pozostaje niesprowadzalnym do niczego sekretem ich osobistego przeznaczenia.

14. „Ja i oni”

Nie jesteś historykiem, więc dlaczego zaprząta ciebie przeszłość i kłaniasz się cieniom, które tutaj, bardziej niż gdziekolwiek, są nieme? Nie zależy mi na ich przebłaganiu ani na bezstronności. Ujawniam po prostu pewne zachcianki mego umysłu, zdradzam się z tym, że mam taką, a nie inną wrażliwość i że wybiera ona jedno, pomija drugie. Ta wrażliwość nie jest taka jak Chateaubrianda, kiedy umieszczał akcję swojej *Atali* w puszczach Ameryki. Na całej ziemi nastąpił koniec egzotyki i co lokalne nie powinno przesłaniać ogólnoludzkiego. Co prawda egzotyka Ameryki, i kowbojskiej, i przemysłowej, przetrwała długo i utarł się zwyczaj sporządzania raportów o niej jako o czymś na peryferiach, odmiennym a osobliwym. Niestety ten szczególny wypadek wygnania i usadowienia się na wygnaniu przestał już być szczególnym wypadkiem, odstępstwo od normy, niespodziewany wariant, zmieniły się w normę, natomiast, co uchodziło za normę, coraz bardziej przybiera wygląd wariantu.

Drogie mi jest, jak każdemu, moje słodkie „ja” i naprawdę przejmuje mnie tylko nieubłagalność czasu i śmierci. Jestem jednak zanurzony w ludzkość, jej poddany, przez nią stwarzany co dzień na nowo, tak że wymyka mi się moja ledwo wyczuta esencja. Skoro moje zachwyty, zżymania się, gniewy tutaj, nie gdzie indziej, mają siedzibę, skoro tutaj sądzę i jestem sądzony przez wrogów i przyjaciół, nic bardziej oczywistego niż uznanie tej ludzkości, jaka mnie otacza, za ognisko nacisków i wpływów, za jedyny możliwy dla mnie przedmiot refleksji i ulegającego, i broniącego się podmiotu. Czyżby więc wszystko, co dotychczas się rzekło, zmierzało do jeszcze jednego traktatu o pewnym społeczeństwie? Nie jestem tak naiwny i odsyłam tam, gdzie przynależą, stare wzory pozostawione przez podróżujących filozofów. Ich uprawnienia zagarnęła socjologia, antropologia, psychologia, ale te dyscypliny mnie nie bawią i choć przenikają we mnie, jak dziś w każdego, bezpośrednio albo pośrednio, niewiele wyciągnąłem z nich dla siebie pożytku. I czy mam zdobyć się na bezczelność? są dla mnie tym samym co krój sukni, upodobanie do takiego, a nie innego rodzaju kolczyków, co kolory ogłoszeń i recepty, według których są przyrządzane telewizyjne obrazki; więc przynależnością stylu, struktury jednoczącej gesty współczesnych, i może zadowoliłaby mnie tylko socjologia tej zadufanej w sobie socjologii, gdybym miał zamiłowania naukowe. Nie mam ich na szczęście, bo używałbym stroju naukowego szamana do ukrywania własnych preferencji i uprzedzeń. Jestem wolny w mojej przeciętności, nikt nie zarzuci mi głupoty, jeżeli jest to głupota jawna, a w dodatku nie tylko moja własna, taka raczej, która i mnie, i innym została narzucona, w którą zostaliśmy zepchnięci.

Być żywym wśród żywych: co tutaj ma do czynienia nauka, gdzie sens w tym niemal nieartykułowanym okrzyku? A jednak jest sens, poza jakimkolwiek racjonalnym uchwytem. Spotykanie się oczu, rąk, ja—on, ja—ona, tożsamość i nietożsamość, bezustanne odradzanie się, gotowe, przygotowane miejsce, zawsze na nowo zajmowane przez kolejne dzieci, młodych, stare kobiety, szczęście—nieszczęście, miłość—nienawiść, płynność stawania się, rzeki. Niechże wymówione będzie nieuchronnie powracające imię: Walt Whitman. Nie dlatego, że Walt Whitman to Ameryka. Poza nim, niezależnie od niego, jest prawda ekstatycznego bełkotu: „być żywym wśród żywych", i zawsze, wtedy także, kiedy nie czytałem jeszcze Whitmana, to właśnie zmuszało mnie do szukania słów, było zarodkiem wszelkiej ciekawości i pasji. W Ameryce elektryczny prąd whitmanowskiego *en masse* działa silniej zapewne niż gdzie indziej i ten bard, bardziej skomplikowany i chytrze okrężny, niż się powszechnie sądzi, zamykał w sobie przewody zbyt prywatne i oporne, otwierał te, które sprzyjały prądowi. Kiedy w Europie poeci przeklinali *cité infernale*, zaludnione jak Hades przez ruchliwe upiory, on opiewał, wynosił, błogosławił ludzki żywioł i jego pęd niepowstrzymany. Dzieło jego poniosło porażkę, ponieważ, choć doznanie naszego udziału w zbiorowości jest nadal potężne, zaprawiła je gorycz, której sobie zabraniał. I do niego, rodziciela, ojca rodu, zwracają się młodzi amerykańscy poeci wołając: „Walcie Whitmanie, przyjdź i zobacz, co się stało z twoją hymniczną przepowiednią!"

Jeżeli chcesz uratować siebie, odgrodź się od świata, dorzuć drew na kominku i zapomnij o iluzji mającej konsystencję marzeń sennych, bo ty jedynie jesteś rzeczywisty. Tak, z pewnością, troszczę się o zbawienie mojej duszy. Ale ani klasztor, post, asceza, modły, ani alkohol czy marihuana nie uchronią mnie od tego, co usadowiło się we mnie samym. Któż dzisiaj będzie tak samodurnie szlachetny, żeby nazwać to swoją miłością do ludzi? Jest to zależność, i nie tylko zależność najzwyklejsza od przypadków danej wspólnoty, tak że jakakolwiek jej katastrofa albo mnie unicestwia, albo pozbawia mnie wody, gazu, elektryczności i cofa do czasu jaskiń. Jest to zależność od niego, od niej, ponieważ jeżeli oni nie mogą być zbawieni, ja też nie mogę być zbawiony. Nie altruistyczne porywy, bynajmniej. Oni są mglistą magmą, która na mnie napiera, mnie osacza, odnoszę się do nich z ironią, wywyższony przez moją świadomość ich daremnych pożądań i nadziei. Chrząszczyki poruszające szczękami w tysiącach restauracji i tawern, zalegające plaże, sczepiające się w pary na piasku i zaraz starzejące się, sztywnące, mrące, suche chitynowe zezwłoki palone w krematoriach czy składane w ziemi. Straciłem jednak łaskę wyłączania siebie spośród nich. Gdybym patrzył na nich jak na osoby, drogocenne osoby, byłoby to jeszcze znośne. Urzeczowiam ich, przekształcam w przedmioty i, nie umiejąc już siebie wyłączyć, sam siebie przekształcam w przedmiot. A kiedy przede mną jest ona, on, niepokoją mnie jako repliki, portrety mojej własnej daremności. Nie sprzeciwia się to kosmicznemu niemal doznaniu „bycia wśród żywych”, tylko że jest to już doznanie rzadko radosne.

15. Wizerunek bestii

„Jaki sfinks z cementu i aluminium rozwalił im czaszki i wyjadł mózg i wyobraźnię?
Moloch! Samotność! Brud! Brzydota! Popiół w skrzyniach na śmieci i niedostępne dolary! Dzieci krzyczące pod schodami! Chłopcy szlochający w armiach! Starcy płaczący w parkach!
Moloch! Moloch! W koszmarach Moloch! Moloch bezmiłosny! Moloch mentalny! Moloch ciężki osądziciel ludzi!
Moloch niepojęte więzienie! Moloch bezduszny loch skrzyżowanych piszczeli i Kongres boleści! Moloch którego budowle są wyrokiem! Moloch rozległy kamień wojny! Moloch osłupiałe rządy!
Moloch którego umysłem sama maszyneria! Moloch którego krwią cyrkulujący pieniądz! Moloch którego palce dziesięć armii! Moloch którego pierś ludożercze dynamo! Moloch którego ucho dymiący grób!
Moloch którego oczami tysiąc ślepych okien! Moloch którego wieżowce stoją w długich ulicach jak niezliczone Jehowy! Moloch którego fabryki śnią i skrzeczą we mgle! Moloch którego kominy i anteny koronują miasta!
Moloch którego miłością nie kończąca się nafta i kamień! Moloch którego duszą elektryczność i banki! Moloch którego ubóstwem widmo geniuszu! Moloch którego losem chmura bezpłciowego wodoru! Moloch którego imię Umysł!”

Allen Ginsberg, *Howl*

Allen Ginsberg skandując swoją na odwrót-whitmanowską pieśń był Każdym. Samo ciało człowieka, czy jest uczony, czy nieuczony, wzdryga się przed zimną, połyskliwą, doskonale zwartą taflą z metalu, ze szkła, z betonu, z syntetycznych materii, nie do objęcia wzrokiem ani dotykiem, i przed potęgą rezydującą za tym pancerzem. Tak gąsienica dostosowana do chropowatości, porowatości roślin traci się na lakierowanym pudle samochodu, tak pszczoła bijąc się o szybę zaznacza groteskowym wysiłkiem swoje nieprzygotowanie do spotkań z przeszkodą przezroczystą jak stężałe powietrze. Tafla, ściana czy walec posuwa się ruchem przez nikogo nie nadanym, swoistym, matematycznie koniecznym, nawisa, narasta, i człowiek budzi się z zimnym potem ze snu o miażdżeniu. Zapewne ten kontynent oglądany z samolotu jest pustką, skórą przedpotopowego zwierza, płową, sinawą, żółtą, to znów porosłą sierścią lasów, nieraz przez godzinę brak tam w dole jakichkolwiek dowodów, że jest zamieszkały i gdzieniegdzie tylko gromadzą się pleśnie miast, w nocy promieniujące wielobarwnym światłem, plastry neonowego miodu gigantyczne w trójmegapolis: wschodu, zachodu i środka. Zapewne Ameryka jest zakurzonymi zaroślami, zielenią drzew i trawników, drewnianą szopą, płotem, zardzewiałą karoserią, nad którą bujają chwasty. A jednak znak Molocha jest wszędzie i wszystkie miasta są jednym miastem, wszystkie szosy jedną szosą, wszystkie sklepy jednym sklepem i przesunięcie się o tysiąc mil traci sens, bo gdziekolwiek wyruszyć, natrafia się na tę samą toczącą się ścianę.

Dlaczego człowiek drży, zwija się w sobie, cofa się w swoją kruchą, zagrożoną cielesność? Przecie to jego twór, jego dzieło, z siebie to wyłonił, swojemu własnemu zaprzecza. Nieprawda, on, ten jeden, dotykający siebie, ukazujący się z kolorem swoich oczu i włosów w lustrze, nie przyznaje się do sprawczej roli i ma słuszność. Nie on jest odpowiedzialny, ale ten inny w nim, który występuje jako cyfra i, chwytany przez innych, chwytający innych, wspólnie, jak najbardziej po ludzku, ulegając swoim potrzebom i pragnieniom, stwarza coś, co jest nieludzkie i ponadludzkie, co zwraca się przeciwko jego potrzebom i pragnieniom, wymykając się jego kontroli. I tak oto, choć zdawałoby się jego własne, nie jest jego własnym, stoi to przed nim, „na zewnątrz". Nie darmo dużo mówiłem o Naturze. Najwyższy figiel demonów kontynentu, ich powolna zemsta: składały dar z Natury, uznawszy, że nie da się jej obronić, ale zamiast niej albo obok niej wyrastała ta cywilizacja, która jej uczestnikom przedstawia się jako Natura wyposażona we wszystkie niemal cechy tamtej. Jest tak samo obca, wroga mnie jako temu jednemu dotykalnemu człowiekowi, nieprzenikalna w swoim antysensie, rządząca się swoimi prawami, które nie są moimi prawami. Z tą różnicą, że tamta ofiarowywała się, kusiła, gotowa się poddać. Przez góry można było przebić tunele, nawodnić suche równiny, założyć sady i winnice, gdzie przed tym pasły się bawoły i jelenie. Ta nowa, zawarłszy w sobie tak wielką sumę energii i dokonań, że sprężyły się w niej ponadindywidualne moce, wtrąca każdego, mnie, ciebie, w bezsilność, w uchylanie się, w samotność przy muzyce z płyt i ogniu na kominku.

W jakim stopniu jeden plus jeden plus jeden może na nią wpływać, nadawać jej kierunek, tutaj nie należy, bo wyłączone są z góry jakiekolwiek pozory politycznego traktatu. Bezsilność przebywa nie tylko w świadomości, także, nie będzie w tym przesady, głębiej niż świadomość. Im świadomość jest wyższa, im lepiej ogarnia wzajemne zazębiania kółek, samorozpładzające się mechanizmy, tym jaśniej ukazuje się niewspółmierność pomiędzy łożyskiem wyznaczonym niegdyś żywiołowemu potokowi i potokiem, który dawno łożysko przekroczył. Umysłowe mody, hasła, programy skupiające ludzi pod takim czy innym sztandarem są osłabiane od wewnątrz przez ich milcząco przyjętą krótkotrwałość. Dużo tego było, ale przetrawiał je, rozkładał, asymilował Behemoth o niewzruszoności drugiej Natury i im bardziej się zmieniał, tym bardziej był tym samym. Niższa świadomość ufa podręcznikom obywatelskiego wychowania, które zatrzymują się na arytmetyce, na jeden plus jeden, i nie udzielają uwagi złożonym determinantom ukrytym za arytmetyką. Jednakże tuż pod progiem świadomości jest chłopskie być może rodem zwątpienie o zmianie, stały spisek potężnych gdzieś za sceną zdaje się przesądzać o ładzie tak regularnym jak pory roku, co jest naiwne, wyższa świadomość wie, że takiego spisku nie ma, że funkcja poczyna funkcję dla funkcji, i co ją przeraża, to właśnie bezosobowy monolit, jego pochód jak pochód lodowca.

Słaby, z ciepłem swojej krwi, co może przeciwko niemu człowiek, nie człowiek-pojęcie, ale ten jedyny, sobie dany? Nigdy przedział pomiędzy nim, niepowtarzalnym, i nim jako cyfrą, jako współtwórcą niezamierzonego, nie był tak wyraźny, i być może powołaniem Ameryki, nieprawego dziecka Europy, było ułożyć parabolę o powszechnym znaczeniu.

16. Co jest moje?

„Nieraz w chwilach zwątpienia mędrcy zazdrościli
Ludkom, którzy igrają jak koniki polne
Na plamach słonecznego światła, o przeszłość troszczą się mało,
Myślą nie wybiegają naprzód, jeżeli coś wiedzą
O przyszłości to jakby przez sen, narządami płodzenia
Powielają głupawość co każde trzydzieści lat,
I jedzą i śmieją się i narzekają na pracę,
Na wojny i rozłąki, i tańczą, i mówią, ubierają się, rozbierają,
Nieraz mędrcy lubili powtarzać,
Że zazdrościć trzeba owadkom, które żyją przez jeden lipiec".

Robinson Jeffers, *Wise men in their bad hours*

Moje włosy, moja pierś, moja ręka — i moja biografia, jej daty, tak dla mnie ważne. Pytanie tylko, czy naprawdę to moje, czy włosy, pierś, ręka nie stają się ogólnymi włosami, ogólną piersią, ogólną ręką, czy ważność dat nie upada, skoro wyznaczają momenty ogólnej prawidłowości? Zewsząd, z telewizji, z pism ilustrowanych, z filmu, z ogłoszeń przy szosach, celuje we mnie zachęta do zdrowia i szczęścia, jak mam się myć, odżywiać, ubierać, jest przedmiotem czyjejś troski i muszę rozpoznawać siebie w niezliczonych kroczach zalecających najbardziej elastyczny *slip*, w piersiach przybranych w najponętniejsze *bra*, w muskulaturze ramienia natartego najlepszą oliwą. Gdybym był ichtiozaurem czy też nieczłowieczym wędrowcem z innej planety, mógłbym przyglądać się temu jak miganiu linii i barw, ale do mnie zwrócone jest wezwanie, wezwanie, które rozkłada mnie na składniki i znowu układa z ponumerowanych części. Tak dobrze znam ciało męskie i kobiece poza jakąkolwiek jego szczególnością i intymnością, że na plaży albo w pływackim basenie jestem w tłumie wymiennych pośladków, szyj, bioder, sam w każdym organie wymienny. Jestem ważony i mierzony, obliczany w ilościach stosownych dla mnie kalorii, muszę przyjąć do wiadomości, że mój pot śmierdzi jak pot każdego, ponieważ każdy powinien smarować się pod pachami deodorantem, przykry zapach z ust nie jest moją tylko przypadłością, ponieważ na ekranie młodzieniec i dziewczyna składają usta do pocałunku, ale zaraz odwracają się od siebie z grymasem odrazy, zjadają pigułkę przeciwko kwasom żołądka i teraz już mogą zastygać w upojeniu. Ani też chwile, jakie spędzam w WC, nie są oszczędzone, bo zaleca się do mnie z ogłoszeń papier higieniczny, który oświadcza, że w zetknięciu z moim anusem zniszczy mieszkające tam bakterie.

Bez ustanku przesuwa się przede mną atlas anatomiczny, ręka z pałeczką pokazuje na nerki, wątrobę, serce, seks, objaśniając ich działanie. Wtajemniczają mnie, czy chcę, czy nie chcę, w sekrety białych i czerwonych ciałek krwi, przemiany materii, owulacji, wzrostu i uwiądu komórek. Jeżeli normalność zaczyna we mnie szwankować, czekają na mnie białe korytarze klinik, sprawne, bezosobowe, obojętne dziewczęta w bieli obracają mnie obnażonego, jakbym był modelem z gumy, podają szklaną probówkę, w którą mam oddać mocz, ustawiają przed rentgenem, biorą krew do analizy.

Obnażony jestem zresztą stale i nie tylko w mojej fizycznej bryle. Nie tylko moje organy, te okryte skórą i te inne, wewnątrz, są gołe, także zdarzenia składające się na moją biografię. Dzielą się one na takie, w których znakomicie spełniała się norma dzieciństwa, dorastania, dojrzałości, i na takie, w których zgrzytała, zahaczała się, nierówno tykała należna mi poprawność stosunków z innymi ludźmi i gdzie dawały znać o sobie „problemy". Dla mnie są to prywatne tajemnice, ale wiem, że się mylę, bo zostały przecie skatalogowane i opisane na mnóstwie przykładów, i choć klucz do nich nie jest w moim posiadaniu, jest w posiadaniu doradcy-psychoanalityka. Rozmowy z nim sprawiają mi dużą ulgę, bo ja, jako dla siebie jedyny, potrzebuję, żeby pośród powszechnego zrównania z innymi wyodrębniano mnie, zajmowano się moją niepowtarzalną jakością. Więcej niż ulgę, intensywną przyjemność, bo ktoś przecie zagłębia się w dane mojego losu, dla wszystkich innych wymienne i anonimowe. Niemniej rozumiem, że chodzi o to, żebym zrozumiał, czyli wiążąc przyczyny i skutki pozostawił poza sobą siebie cierpiącego, już zobaczonego przeze mnie jako obiekt wśród obiektów.

Naokoło mnie gęstość zbiorowej substancji, nieprzejrzysta, uparta, natarczywa druga Natura, ale mnie wyznaczono strefę, w której mogę swobodnie się poruszać, dbać o swoje fizyczne i psychiczne zdrowie, zaznawać szczęścia nienagannie pracującego organizmu, żywego wśród żywych. Kiedy jednak moje „ja" ma być moim schronieniem przed natarczywością wspólnie wydzielanego przez wszystkich, także przeze mnie, tworu, dosięga mnie on okólnie, przypominając ciągle, że moja jedyność jest złudzeniem i że nawet w tym wolnym od współuczestnictwa własnym kręgu jestem sprowadzony do liczby.

17. O zgiełku wielu religii

„Bóg umarł"
(—)Nietzsche
„Nietzsche umarł"
(—) Bóg
Napis na plakacie koło uniwersytetu w Berkeley

Tylko Bóg może mnie ocalić, bo wzbijając się ku niemu wznoszę się ponad siebie, a prawdziwa moja esencja jest nie we mnie, ale ponade mną. Jak pajączek wspinam się po nitce i ta nitka jest najniewątpliwiej i wyłącznie moja, zaczepiona tam, skąd przyszedłem i gdzie przebywa Ty przemawiające do mnie na Ty. Co nazywa się odrodzeniem religijnym w Ameryce, nie podlega zasadom przyjętym dla rolniczych, przedprzemysłowych wspólnot. Niewiele też potrafiliby z niego zrozumieć ci ponurzy ateiści, religijni fanatycy na odwrót, którzy w tylu krajach dręczą prostych ludzi za to, że ci chcą nauczyć swoje dzieci, jak żegnać się znakiem krzyża. Zresztą wieloznaczność używanych pojęć jest tak duża, że sam ich zamęt powinien by zapraszać do analizy, jednak uprawia się ją rzadko, są przeszkody, i zgodnie ze swoim postanowieniem zapuszczam się w niejasne, gdzie można poruszać się tylko na oślep.

Wszędzie Bóg, jak produkty codziennej higieny i leki, Bóg z dolarowych monet, *In God we trust*, Bóg narodowy, gwarant ustalonego porządku, pomagający tym, co w niego wierzą, rozmnażający ich owce i wielbłądy albo maszyny, karzący niewiernych, nakazujący wybrać: z nim albo przeciw niemu, przychylny podziałowi: my-przyzwoici, oni-bezbożni. Bogactwo narodów i jednostek jest zewnętrznym dowodem poprawnego z nim obcowania w posłuszeństwie i cnocie, nędza zdradza wewnętrzną skazę, świadczy o ciężkości uchybień. Chodząc do świątyni pokazuje się sąsiadom, że jest się kimś, komu można ufać, bo albo ma się wobec Boga uzasadnioną wdzięczność, albo przez sam swój udział w obrzędzie przyświadcza się, że boska opieka zaoszczędzi nam upadku. Niestety wietrzeje treść tego Boga, i imię jego, wymawiane z kazalnic i publicznych trybun, jest puste jak imiona bóstw w rzymskim cesarstwie, służy jedynie do manifestowania szacunku wobec tradycyjnych wartości. Co więcej, jest to Bóg przez coraz większą ilość ludzi znienawidzony, Bóg obracający sam siebie w pośmiewisko, emerytowany Jowisz o staroświeckich nawykach, którego istnienia nikt nie bierze dosłownie.

Religie są całościami o swoistej architekturze i ostają się wobec zachodzących dokoła zmian, jak kościelna wieża ostaje się na placu wibrującym od pędu samochodów. Nie bez tego jednak, żeby nie dosięgał ich ruch dookolny i nie wykruszał ich stopniowo. Jak kościelny budynek przestał być centralnym punktem grodu, tak religijna całość obejmująca kiedyś filozofię, naukę i sztukę została od nich odcięta i te nowe całości są jej nieprzychylne. Cywilizacja, w której tkwię, zaprzecza religii, a zachowywanie pozorów, wielość znakomicie zorganizowanych kościołów, ich finansowa potęga, przeraźliwie wzmagają powszechną nieprzejrzystość. Każdy mój dzień z jego mnóstwem postrzeżeń ćwiczy mnie w antyreligii, i nie mogę przypisać żadnym zrozumiałym dla mnie intencjom olbrzymich neonowych napisów głoszących: „Jezus ratuje od grzechu" w złowrogim krajobrazie betonowych spirali, pogruchotanego żelastwa na samochodowych cmentarzyskach, fabryk, łuszczących się ruder. Jeżeli nie ludzie to ustawili, to kto? Oni, ale i nie oni — oni jako sobie samym odjęci, przechwyceni przez skamieniałą wydzielinę wzajemnie z siebie wydobywanych spełnień. Otwieram radio w wozie i znów nie mogę połączyć z żadnym człowiekiem jako istotą rozumną bełkotu kazań, zaklęć, nawoływań sąsiadujących z jazzem i muzyką konkretną. Zaiste język ich mówi, nie oni mówią językiem, i jest to doprowadzona do absurdu wszechwładza nie potrzebującej żadnego odniesienia formy. Pozostaje tylko śledzić skutki, jakie we mnie powoduje takie wystawienie na znaki bez żadnej dającej się ustalić pomiędzy nimi koherencji. Podrywa to moją ufność, ginie wspólny język z innymi, ci inni mają być w swoim osobliwym zachowaniu się przyjęci jak gatunki zwierząt, po prostu są, i oto ta tolerancja zmienia świat ludzki w świat bezwładu, bezwoli Natury. Myślę więc o starożytnym Rzymie i wydaje mi się, że zamknęło się koło, że jestem widzem wtedy, kiedy tam już grunt był przygotowany pod chrześcijaństwo, choć ono teraz z kolei jest już może tylko jednym z dogasających kultów. Tak samo w Rzymie musiał szaleć zgiełk konkurujących ze sobą bogów, o których wszyscy wiedzieli, że są wydrążeni od wewnątrz, że są figurami mowy, i tak samo im bardziej rozpowszechniała się ta wiedza, tym chciwiej chwytano się formy, czysto językowego, używanego po to, żeby się wzajemnie upewniać, obrzędu.

To jednak tylko rozumowanie powierzchowne, te kategorie są zbyt ogólne, wymyka się im coś istotnego. Nie mogę uzurpować sobie bezpiecznego stanowiska widza, jeżeli poza wszelkimi konformistycznymi dostosowaniami jest jeszcze pojedynczy człowiek, ona, on, uczestniczący w nabożeństwie, a zupełnej ich odmienności ode mnie, w tym, co wtedy czują i myślą, nie potrafię założyć. Każdy jest otwarty, przepuszczalny, wystawiony na nieświadomie wchłaniane obrazy poczęte przez naukę i technikę, w najdrobniejszej maszynce, jaką się posługuje, zawarty jest światopogląd, zarazem każdy, przez samo swoje człowieczeństwo, z głębokiej potrzeby, jest stworzeniem adorującym, i sprzeczność, jaka stąd powstaje, jest także moją sprzecznością. Nie widzę nic hańbiącego w przyznaniu się, że nasza chęć adoracji idzie w parze z troską o własną osobę. Byłoby to hańbiące tylko, gdyby życie ludzkie nie było, czym jest, czyli zasadniczym pozbawieniem, niemożliwością, ciężarem nie do udźwignięcia, dźwiganym jednak dzięki mieszaninie ślepoty i heroizmu. Pragnę Boga, który na mnie spojrzy, który moje owce i wielbłądy rozmnoży, który mnie ukocha i wspomoże w nieszczęściu, mnie ocali od śmierci-nicości, któremu mógłbym co dzień świadczyć hołd i wdzięczność.

Bóg powinien mieć brodę i przechadzać się po niebiańskich pastwiskach. Nie darmo Swedenborg zaświadcza, że w Niebie spotkał szczególnie dużo Afrykańczyków — gdyż oni przedstawiali sobie Boga naiwnie, jako dobrotliwego starca. Jedynie człekopodobny Stwórca wyłącza nas spośród kamieni i wód, a także spośród wszystkich innych żywych ogranizmów, jedynie z jego ust może wydobywać się głos znaczący, jego tylko ucho może słyszeć naszą mowę. Jakiekolwiek były koncepty zniechęcające do jego ucieleśnienia — a przecie św. Tomasz z Akwinu, przejęty niewystarczalnością naszego języka, zalecał zastanawiać się tylko nad tym, czym Bóg nie jest — ludzie tak się urządzali, żeby boskiej dostępności nie stracić, powracali uparcie do swoich posągów i malowideł, darząc szczególną czcią bóstwo w szatach mężczyzny albo kobiety, Chrystusa, Marię-matkę. Jednak i Jehowa Starego Testamentu, ze swoimi wybuchami gniewu i kaprysami, choć niewidzialny, okryty zasłoną ognia w gorejącym krzaku, był bardzo obecny, jako głos, tchnienie. Przewrót w pojęciach o kosmosie, zaczynający się od Kopernika, sprawił, że utrzymać zmysłowość bóstwa było coraz trudniej, choć nie od razu tracąca swoją górę i dół przestrzeń zagnieździła się w wyobraźni ludowej. Dziś ta przestrzeń (newtonowska z opóźnieniem) narzuca się wszystkim i utrudnia odwołanie się do Jednego jako miejsca powszechnego odniesienia, nawet gdyby ów Jeden został sprowadzony do świetlnego punktu. Zresztą jakakolwiek Pierwsza Przyczyna nie zadawala mojej tęsknoty do opieki. Stoję nad pływackim basenem i widzę, jak powiew strąca w wodę małego żuka. Lśniąca w słońcu powierzchnia drga od jego niezdarnych poruszeń, pod nim przezroczysta, niebieskawa otchłań, aż po kafelki dna. Rzucam mu listek, ale on, zamiast go się uchwycić, przebiera nogami na oślep i listek oddala się, odpychany tak wytworzonym prądem. Zniechęca mnie to, jestem już ubrany i nie będę go ratować, jeżeli wrócę tu za kwadrans, żuk będzie martwy. To może być figura mego przeznaczenia. Niewyrażalną wielością poszczególnych istnień rządzi przypadek i nawet zakładając, że są obok mnie nie znane mi wyższe istoty, jak ja nie znany jestem żukowi, i że mają odruchy litości, spotkanie nasze zależy od przypadku, jak od przypadku zależy nieskorzystanie przez niego z danej mu przeze mnie szansy. Skoro Ziemia straciła swój przywilej płaszczyzny między Niebem i Piekłem, a człowiek stracił swój przywilej wybrańca, skoro wszystko podlega prawu chłodnej przyczynowości przybierającej wobec indywidualnego losu cechy przypadku, niewiele pozostaje też nadziei, że mój koniec będzie inny niż koniec żuka. Nieśmiertelność mojej duszy, jeżeli żuk nie jest nieśmiertelny, razi mnie jako uzurpacja.

Religia ma swoją własną krainę niewyrażalnego. Jednakże jej symbole muszą ciągle odradzać się w wyobraźni, zyskując nową soczystość i krwistość. Obezwładniona wyobraźnia krąży wokół nich, ale nie umie ich ożywić, tak żeby wiązały się z moim osobistym powołaniem, co jest jedynie skuteczne. Stąd poczucie braku zasadności, idę znikąd donikąd, a niełatwo to znieść. Prawdopodobnie „zwrot do religii" tłumaczy się już dzisiaj mniej społecznym konformizmem, bardziej strachem: wobec rozpadu tradycyjnych norm zachowujmy się tak, „jak gdyby" wszystko było prawdziwe, czego uczy religia, strażniczka tajemnicy. Zawiesza się swój sąd i śpiewa się z innymi pieśni w kościele, przy czym główną ostoją jest zwątpienie we własną zdolność rozplątania rzeczy tak zawiłych. To tylko „ja" mam trudności, tylko „mój" umysł jest pusty, ile razy próbuję cośkolwiek sobie z tego przedstawić. Inni, ci obok, na pewno takich trudności nie mają. Każdy z nich natomiast, choć tego nie przypuszczam, myśli tak samo o mnie. I tak z niewiary każdego spiętrza się wiara zbiorowa.

Ale ja, zamknięty w granicach mojej skóry, zniszczalny i świadomy mojej zniszczalności, jestem istotą mówiącą, czyli potrzebuję Ty, do którego mógłbym się zwrócić, nie umiem przemawiać do chmur i kamieni. Istniejące religie tylko częściowo zaspakajają tę tęsknotę, tak ludzką jak mowa, albo nie zaspakajają jej wcale. A wtedy całą cywilizację spowija aura religijnego oczekiwania i poszukiwania.

18. O katolicyzmie

Wychowany w religii katolickiej, nie jestem obojętny na znakomite sukcesy amerykańskiego katolicyzmu, czytam jego prasę, opowiadam się za niektórymi jego znanymi osobistościami przeciwko innym znanym osobistościom, a nawet, być może, jestem dobrym parafianinem. Albo nie. Podział na wierzących i niewierzących zawsze mnie nieco żenował, bo zakłada przeskok jakościowy, inną substancję „wierzącego" i „niewierzącego". Podejrzewam, że pomijając nieliczne wyjątki, mamy tu do czynienia z decyzją, z wolą wierzenia albo niewierzenia wspartą o względy wobec sedna sprawy raczej uboczne i że gatunkiem wyobraźni ci, co bywają na mszy każdej niedzieli, nie różnią się od tych, co nigdy nie przestępują kościelnego progu. A nawet posunąłbym się dalej — trudność, jaką musi pokonać wyobraźnia, żeby ogrzać i ożywić religijne symbole, może być niepoślednim powodem triumfów wyznania, które nie faworyzuje prywatnych rozmyślań i żąda, czy żądało dotychczas, przede wszystkim posłuszeństwa. W katolicyzmie jest bezpieczniej, decyzja właściwie nie dotyczy wiary, ale uległości albo buntu wobec autorytetu, odpowiedzialność jest przesunięta i wierny spełnia: klęka, wstaje, znów klęka, śpiewa, przystępuje do Komunii, odświętny, wydzielony z siebie samego.

Ciepła, ludzka obecność Boga, który się wcielił, aby zaznać naszego głodu i naszego bólu, abyśmy nie byli skazani na wysilone zwracanie oczu ku górze, ale mogli karmić się słowem wymówionym przez usta takie jak nasze. I Bóg-człowiek nie jest jednym z nas w chwilach naszej pychy i chwały, ale jednym z nas w nieszczęściu, w niewolnictwie, w strachu przed śmiercią. Godzina, kiedy zgodził się przyjąć torturę, pokonuje czas, wieki przemian, mijające cywilizacje są drobne, krótkotrwałe, i jakiekolwiek jałowizny z cementu, szkła i metalu nie uczynią człowieka różnym od tego, do jakiego kierował wezwanie w Galilei. On ma prawo nadal głosić: „jestem miłością"; Syn, a obok niego Matka, matka odwieczna, zawsze bolejąca nad cierpieniem swego dziecka, opiekunka, orędowniczka — i tak dogmat Trójcy niepostrzeżenie przepływa w wyobraźni w inny, nie sformułowany dogmat Trójcy: Ojca, Matki i Syna. Jej blask utwierdza współżycie żywych i umarłych, świętych obcowanie, dialog, wstawiennictwo. W ten sposób obok fizykalnej przestrzeni budowana jest przestrzeń czysto ludzka wypełniona promieniami, które przebiegają od oczu do oczu, od rąk do rąk, głosami próśb i modlitw. Cała ludzkość, miniona i teraźniejsza, jest zaiste Kościołem utrzymującym się poza zwykłą przestrzenią i czasem, Kościołem przeciwstawionym konieczności wpisanej we wszechświat. Katolicyzm jest najbardziej antropocentryczną z religii i niejako przez swój nadmiar boskiego człowieczeństwa opiera się unicestwiającym poszczególnego człowieka naukom ścisłym, paradoksalnie więc mniej jest narażony niż inne wyznania na rozkładający wpływ nauki i techniki. Nawet Ziemia i Niebo, Zstąpienie i Wniebowstąpienie mają w nim właściwości stosunków nie pomiędzy światami, ale ludzkimi postaciami.

Równocześnie jednak, ponieważ katechizm katolicki, twierdza na skale, jest nie do ugryzienia, co stanowi siłę, jest zarazem słabością. Umysł jest z góry uprzedzony, że nie powinien zapuszczać się poza mur dogmatów i tajemnic wiary, z pokorą skłaniając się przed tym, co, nawet jeżeli sam wyrzeka się siebie, nie przestaje być dla niego absurdem. Jest słuszność w tym zakazie, bo katolicyzm oznacza udział w uczcie, podczas której zgromadzeni spożywają chleb przemieniony w prawdziwe ciało Chrystusa. Próba zarażonego racjonalizmem umysłu, aby odpowiedzieć na pytanie, jak odrobina mąki z wodą może być zarazem ciałem Boga, doprowadziła Zwingliego do tezy o obecności Chrystusa w opłatku jedynie symbolicznej. Był to w protestantyzmie początek upadku wiary w Eucharystię, czyli początek końca sakralnej uczty. Iluż jednak katolików przystępując do Komunii na próżno stara się pokonać w sobie zwątpienie i ucieka się do symbolicznej interpretacji, skoro ich umysł nie może ani pokonać, ani obejść przeszkody?

Powstrzymanie się od uczestnictwa w niedzielnej mszy jest grzechem śmiertelnym. Przed przyjęciem Eucharystii należy oczyścić się z tego i z innych śmiertelnych grzechów przez spowiedź. Ale wierni nie umieją ogarnąć znaczenia Grzechu Pierworodnego, który w katechizmach jest sprowadzony do aktu łamiącego tabu, ani znaczenia grzechu w ogóle. Grzech rozpyla się na wiązki psychologicznych i socjologicznych determinant, uniwersalizuje się, zmienia się w poczucie nie zróżnicowanej winy i szeptanie w kratę konfesjonału wykroczeń przeciwko ponumerowanym przepisom wydaje się bezcelowe; konfesjonał psychoanalityka już nauczył, że co pośpiesznie wyliczy się kapłanowi, nie będzie prawdą, i że dostaje się rozgrzeszenie udając żal, podczas kiedy traktuje się swoje przeszłe postępki jako mniej czy bardziej nieuniknione.

Zdobywając się na szczerość, każdy chyba katolik przyznałby się, że nie potrafi połączyć poszczególnych punktów doktryny. Tak więc na przykład Credo nie żąda wiary w nieśmiertelność duszy, jedynie wiary w ciała zmartwychwstanie i żywot wieczny; to zupełnie co innego niż pochody astrali, duchów wyzwolonych ze szkieletu i mięśni. Ale żąda się przy tym od wyobraźni, żeby uporała się z tajemnicą kary na wieczność za zło zakorzenione tak mocno w niektórych ludziach, że odsyła ono do innej tajemnicy, predestynacji i wolności, a zarazem zmartwychwstanie ciał łączy z wieczną fizyczną torturą.

Czy ktoś, kto chciałby rozumieć, w co wierzy, popełnia błąd? Obiekcja ta byłaby słuszna, gdyby katolicyzm nie pracował przez stulecia nad wznoszeniem imponującej intelektualnej całości „dokoła" dogmatów i gdyby jego teologowie nie układali w sylogizmy wszystkich kłopotów człowieka z własnym istnieniem. Ile razy wierny w swojej kościelnej ławce nie ogranicza się do bezmyślnego spełniania, co zresztą jest niemożliwe, wkracza w regiony uprawione i zagospodarowane przez teologię, co nie znaczy wcale, że musiał czytać jej dzieła. Przez samą intelektualną strukturę, o którą woła katolicyzm, nabierają dobitności przeszkody dla współczesnego umysłu. Bo system wydoskonalony w trzynastym wieku (a daleko mu do odnowy, cokolwiek się mówi) należy do innej cywilizacyjnej formacji, innej *episteme*, i przęsła, pomosty, arkady, niegdyś wiążące się ze sobą klarownie, tracą swoją oczywistość.

Zaprawa, jaką w dzieciństwie otrzymuje katolik, skłania go do szacunku wobec tajemnicy, życie i śmierć ukrywają swoją głębię pod wieloma warstwami znaczeń. Tajemnica zmusza do pokornego poddania się autorytetowi, który czerpie swoją władzę z woli Boga, ale umysł waha się pomiędzy rezygnacją i nadzieją, że jest jakaś ścieżka prowadząca do wnętrza twierdzy. Gdyby nie ta nadzieja, nie byłoby w przedsionkach amerykańskich kościołów stoisk z *paperbacks* katolickiej literatury filozoficznej. Przypuszczam jednak, że wierny, przynosząc do domu któryś tam tom *Summy teologicznej* i zasiadając nad nim do uważnej lektury, dokonuje decyzji niezbyt różnej od decyzji „bycia wierzącym". Zdania, jakie napotyka, stawiają nieprzezwyciężony opór, nużą, i, rzec można, że sen sklejający powieki wyznacza linię pomiędzy obietnicą i porażką.

Summa Theologica i Kalifornia. Jest smak w tym zestawieniu. Kalifornia obmywana przez Pacyfik, otwarta na wyspy Japonii i azjatycki prałąd, ziemia, czy może osobna część kuli ziemskiej, bo i jest, i nie jest tylko jednym ze Stanów Północnej Ameryki, przyjmująca wiatry zza morza, czyli z Dalekiego Wschodu. Stolica poszukiwań mistycznej jedności, narkotyków rozszerzających świadomość, ekstatycznych sekt, publikacji poświęconych hinduizmowi i buddyzmowi Zen, proroków głoszących mądrość zapożyczoną od tybetańskich mnichów, czyli tego wszystkiego, co zwraca się przeciwko zamiłowaniom zachodniego człowieka do intelektualnej precyzji, tym samym u Tomasza z Akwinu i jego świeckich następców, a rzekomo już bezużytecznym i zgubnym. Początek wielkiego przełomu? Bo nauka i technika, bez których kalifornijscy prorocy nie mieliby co jeść, nie rozwinęły się nigdzie indziej niż tam tylko, gdzie i scholastycy, i ich przeciwnicy zaczynali od wspólnej im przesłanki, postulującej harmonię pomiędzy operacjami rozumu i działaniem świata.

19. Carmel

„O zrównaniu dnia z nocą, kiedy ziemia w późnych deszczach
owinięta w mokre maki czeka wiosny,
Ocean wrzał od dalekiej burzy, bił w swoje słupy graniczne,
targał, spiętrzony, łożami granitu.

Patrząc na obręcz granitu i piany, odwieczny znak dla żeglarzy,
czułem za sobą góry i równiny, olbrzymią szerokość kontynentu,
Przede mną obszar wód i jeszcze raz wód.

Mówiłem: ujarzmiasz focze skały Aleutów lawą i ziarnem koralu
przyniesionymi z dalekich kwitnień południa.
Nad twoim przyborem życie zwrócone ku wschodowi słońca
spotyka się z naszym, które szło za wieczorną gwiazdą.

Ślady starych wędrówek zatarły się w tobie
i nic to dla ciebie, zapomniałaś nas, matko.
Byliśmy znacznie młodsi kiedy wypełzliśmy z łona
i leżeliśmy w oku słońca na linii przypływu.

To było dawno, dawno. Odtąd wzrośliśmy w dumę
i przybyło nam goryczy. Życie zachowało
Twoją ruchliwą miękką niespokojną moc a tęskni do twardości,
do wyniosłego spokoju kamienia.

W żyłach mamy prądy, odbijają się w nas gwiazdy,
życie jest twoim dzieckiem, ale jest we mnie
Starsze i trwalsze od życia i bardziej bezstronne
oko, które czuwało zanim był ocean.

Widziało jak wpełzłaś w łożyska zgęszczeniem rzadkiej pary
i zmieniłaś łożyska podług swojej woli.
Jak miękka i gwałtowna ścierałaś głaz, drążyłaś skałę,
przesuwałaś kontynenty.

Matko, choć miara mojej pieśni jest jak rytm starożytny przyboju,
nie nauczyłem się tego od ciebie.
Wcześniej niż woda były prądy ognia, twój ton i mój ton
w dawniejszych niż ty źródłach mają swój początek."

Robinson Jeffers, *Kres kontynentu*

Niedaleko stromych brzegów Big Sur, mających już swoją legendę buddyjsko-hippisowej pustelni, jest miasteczko Carmel z misją i grobem ojca Junipero Serra, z innym też zabytkiem, o którym pamięta niewielu, kamiennym domem tuż nad wodą, zbudowanym przez poetę Robinsona Jeffersa, kiedy jeszcze ta wytworna dziś miejscowość turystyczno-letniskowa była tylko rybackim osiedlem. W tym domu Jeffers napisał swoje dzieła poświęcone dowodzeniu, że doskonale piękna, doskonale okrutna i doskonale niewinna Natura powinna być przedmiotem naszej religijnej czci, natomiast gatunek ludzki jest chorobową naroślą, skażeniem uniwersalnego porządku i zasługuje tylko na zniszczenie. Co prawda można przypuścić, że i wycofanie się na odludzie (umożliwione przez rentę po krewnych-bankierach), i kierunek, w jakim rozwinęła się jego myśl, nie były bez związku z I wojną światową. Pogarda, jaką okazywał ludzkości twórca inhumanizmu, pochodziła z nadmiaru współczucia, i wiele jego wierszy świadczy, że tragicznie przeżywał raporty gazet, nie życząc zwycięstwa żadnej ze stron. W wieku dojrzałym wypadło mu śledzić ze swojej samotni masowe masakry lat trzydziestych i czterdziestych, a co wtedy wychodziło spod jego pióra, jest zaprawione furią i sarkazmem. I znów sprzyjanie którejkolwiek ze stron, podczas gdy na równi, jego zdaniem, zbrodnicze monstra wzajemnie siebie rozszarpywały, było według niego naiwną uległością wobec jednej albo drugiej propagandy.

Upłynęło zaledwie parę lat od jego śmierci, kiedy zacząłem odwiedzać Carmel. Gaj cyprysów, które zasadził, żeby trwały dłużej niż pamięć jego imienia, wycięto, bo miasteczko, rozszerzając się, wchłonęło posiadłość i działki w tej okolicy były najdroższe. Z dawnej dziczy został tylko huk fali rozpryskującej się o skały, ale od pagórka, gdzie stoi dom, dzieli zatokę asfaltowa droga i syczą na niej samochodowe opony. Mewy tańczyły jak zawsze na wietrze, ale wyżej nad nimi przesuwał się trzepocząc śmigłami helikopter. Zbyt płodna ludzkość, której Jeffers przepowiadał, że udusi się od smrodu własnych wydzielin, wyrajała się na pustynie, wyspy i w strefy polarne, nie na wiele zdałoby się przekonywać siebie, że można wyłamać się spod jej władzy.

Długo chodziliśmy naokoło niskiego granitowego domu Jeffersa. Na trawie pod płotem leżały tam duże psy, w oknie pojawiła się jakaś twarz. Najbardziej zastanowiła mnie stojąca trochę na uboczu wieża. To w niej, jak myślałem, Jeffers często medytował i pisał, słuchając, jak oddycha ocean, starając się być wiernym w swoich frazach temu jednemu, odwiecznemu rytmowi. Później dowiedziałem się, że wieżę wystawił dla swojej żony Uny, sam więc pracował w niej chyba rzadko, ale mniejsza o to. Nie ociosane głazy, które własnoręcznie dopasowywał i spajał, przesądziły o nieforemności budowli, i to było dobre. Czemuż to nie utrzymał do końca skromności przynależnej materiałowi? Nie, on ustylizował tu wykusz, tam łuk na wczesne średniowiecze; zaprzeczając historii, chroniąc się od niej w obcowanie z ciałem materialnego Boga, pomimo wszystko widział może siebie jako jednego ze swoich barbarzyńskich przodków na skałach Szkocji i Irlandii. I oto, na wpół okryte bluszczem, stało to dziwadło, gdzie, w Carmel, pomnik romantyczny, nasuwający, też jeżeli chodzi o wiersze Jeffersa, różne podejrzenia.

Kto wie, czy nie był po prostu estetą. Potrzebował obrazu siebie samego jako istoty wyniesionej ponad wszystko co żywe, zranionej, ale mądrej, kontemplującej daremne namiętności i daremne nadzieje, a przez to dźwigającej się także ponad czas. Wygląda to, jakby przemawiały do niego opowieści o rycerzach w ich orlich gniazdach czy o piratach w ich nadmorskich czatowniach. Zadawałem sobie pytanie, już za pierwszym pobytem w Carmel, czy jestem do niego podobny i, pochlebiając może sobie, odpowiadałem: nie. Byłem dostatecznie podobny, żeby odtwarzać jego myśl niejako od wewnątrz, wczuwać się w to, co ją poruszało. Ale mojego królewskiego wzniesienia się ponad ziemię nie lubiłem. Było mi narzucone i zasługiwało na właściwą nazwę: wygnania.

Nie umiałbym też wiecznego piękna przeciwstawiać chaosowi ludzkości. Ocean, dla niego najpełniejsze ucieleśnienie harmonii, mnie, wyznaję, przerażał. Zarzucałem nawet Jeffersowi, że za wiele jest u niego opisów malarza amatora ustawiającego swoje sztalugi na wietrznym cyplu. Ocean był dla mnie przede wszystkim otchłanią, w której bez ustanku, w niezliczonych odmianach, spełniają się koszmary umieszczane przez wyobraźnię ludzi średniowiecza w głębinach piekieł. Pokrewieństwo z bilionami potworów pożerających jedne drugie zagrażało przypominając, kim jestem, ich nieświadomość mnie nie rozgrzeszała.

Czyżby Jeffers tylko świadomość uważał za skazę nie do wybaczenia? Gwiezdne mgławice, słońca, skały, morza, rekiny, kraby stanowiły dla niego części wiecznie odnawiającego się organizmu bez początku ni końca, który nazwał Bogiem. Gdyż był pisarzem religijnym, nie w tym jednak sensie, jaki spotkałby się z aprobatą jego ojca, kalwińskiego pastora. Jeffers w młodości studiował biologię i raz przyjąwszy matematyczny ład przyczyn i skutków zdetronizował Jehowę stawiającego swoim podopiecznym niezrozumiałe żądania, ukazującego się w ognistym krzaku, zawierającego pakt z jednym plemieniem. Osobiste stosunki z bóstwem, które łaskawie przyobiecuje ludziom, że zachowując posłuszeństwo jego rozkazom wymkną się losowi całej reszty stworzenia, były według niego tylko dowodem, jak daleko mogą sięgnąć ludzka bezczelność i pycha. Ale tym bardziej — i tym bardziej, im dotkliwiej ciążył mu surowy i pobożny ojciec — Jeffers nie mógł pogodzić się ze skandaliczną postacią Jezusa; bo zmartwychwstając Jezus łamał jedno ogniwo nieskończonego łańcucha, dając do poznania, że wybrani będą wydarci z mocy przyczyn i skutków utożsamionych z mocą piekieł. Było to nieco zbliżone do uroszczeń nowoczesnych rewolucjonistów zapowiadających powszechną szczęśliwość zawsze na jutro, a tych Jeffers nie znosił. Jego Bóg równał się czystemu ruchowi nie zmierzającemu donikąd. Rodziły się w nim i rozpadały wszechświaty, podczas kiedy On, obojętny na dobro i zło, trwał w swoim kole wiecznego powrotu zjawisk, nie potrzebując nic prócz chwały swego trwania.

Bardzo to przejmujące, nawet jeżeli Jeffers nie był jedynym wśród współczesnych mu antychrześcijan w tym swoim nawoływaniu do pobożności i czci. Układał swoje hymny zupełnej akceptacji, nie wiadomo czy bardziej stoik, czy bardziej spadkobierca swego kalwińskiego ojca, który drżał przed *Deus Terribilis*. Może to nie były hymny, ale psalmy pokutne. I dlatego, z powodu tej jego żarliwej goryczy, przyznawałem mu wyższość nad tymi jego współobywatelami, którzy zasiadłszy do stołu składają ręce do modlitwy, mówią: „Bóg umarł. Hurra!”, i zabierają się do jedzenia.

Tak, ale zwróciłem uwagę na jedną jego szczególną obsesję. Ilekroć pisał o ludziach (zwykle ponure historie o Fatum posługującym się nieokiełznanymi instynktami, żeby zmiażdżyć wszystkich protagonistów), ci ludzie pojawiali się u niego w zmniejszeniu, jako drobne owady pełzające po wypiętrzonych zmarszczkach planety. Urządzał się tak, że rysując tło wydobywał ich małość na zasadzie kontrastu. Albo, co może ważniejsze, kurczyli się w miarę, jak posuwała się akcja, aż wreszcie główny bohater, popełniwszy morderstwo, uciekał w góry, skąd i jego miłość, i nienawiść, i ciało z tkwiącym w nim nożem wyglądały na coś śmiesznego, nieistotnego, na punkcik, który zalewa nieskończoność. Co to znaczyło? Rozmiary zależą od tego, w jakiej odległości umieści się oko. Jeffers, jak wszyscy, tęsknił do przestrzeni ułożonej hierarchicznie, podzielonej na dół, środek i szczyt, ale nieosobowy i immanentny Bóg nie mógł już posłużyć za zwornik piramidy. Pozycję nadrzędną, na szczycie, Jeffers przyznawał sobie, on był sępem, orłem, świadkiem i sędzią godnych litości śmiertelnych.

Chodziliśmy nieraz po plaży w Carmel zbierając gładko utoczone, miłe w dotyku kawałki drewna, muszle i kamienie. Wrzaski biegających dzieci, poszczekiwania psów, z którymi się bawiły, nikły w podwójnym hałasie wiatru i przyboju. We wgłębieniach gruntu osłoniętych diunami wycieczkowicze palili ogniska, przypiekali kiełbaski nadziane na patyk, trzaskali zdjęcia. Prawie nikt z nich nie wiedział, że stał tutaj dom Jeffersa. Bo Jeffers, jeżeli pominąć garstkę wielbicieli, był prawie zupełnie zapomniany. A przecie, cokolwiek można mu zarzucić, był naprawdę wielkim poetą. Ale i za życia miał niewielu czytelników, a zanim potępi się jego mizantropię, trzeba pomyśleć, że omijano go, ceniąc mięsa, alkohole, wygodne domy, luksusowe samochody, nie ceniąc słowa, jedynie tolerując je, jak się toleruje nieszkodliwe *hobbies*. I było coś paradoksalnego w moim urzeczeniu, dziwiło mnie, że to ja, przybysz z krajów, gdzie każdy jest obarczony historią, gdzie historia pisze się z dużej litery, prowadzę dialogi z jego duchem, choć gdybyśmy się spotkali, nie moglibyśmy się porozumieć.

A prowadziłem dialogi. Bo był odważny, przebijał się przez pajęczynę niewidzialnej cenzury, jak umiał, w porównaniu z nim inni byli jak zdychające muchy, całkiem w nią uwikłani. Zatracili umiejętność prostoty, bali się, że jeżeli nazwą chleb chlebem, a wino winem, zostaną posądzeni o brak wyrafinowania i tym bardziej grzęźli w perwersjach swoich kulturalności, im mniej byli jej pewni. On grał pełną stawkę, wyciągał wnioski ze swojej dobrowolnie przyjętej izolacji, nie usiłując podobać się nikomu, trzymając się swego. Taki jak na fotografiach, chuda twarz żeglarza, dumna, wąskie usta, zostawił po sobie dzieło nie przypominające niczego, co powstało w tym stuleciu, nie do odnotowania na giełdach wielkich stolic, jakby z zamiaru odpychające gwałtownością tonu — tę się wybacza, ale tylko jeżeli nie jest to gwałtowność kaznodziei. Dzieło pokręcone, secesyjne, skażone jak ta jego wieża, ale czymś przecie płacić musiał, jak każdy tutaj. Wśród wytworów jubilerskiego dłuta, do jakich przyzwyczajono nas niepostrzeżenie, raziło prostactwem, grubą robotą, równocześnie było w tym prostactwie coś chorowitego. Zresztą zadanie, jakie sobie postawił, przewyższało zapewne nie tylko jego siły. W czasie, kiedy nikt nie wie, w co wierzy, w co nie wierzy, badał siebie i przeprowadzał wyraźną linię pomiędzy swoją wiarą i niewiarą, dając wykład swoich wyobrażeń o Bogu, kosmosie i gatunku ludzkim, któremu wróżył szybki koniec. Całość swego dzieła pojmował jako nowe *De Rerum Natura*: któż będzie twierdzić, że takie ambicje mogą obyć się bez porażek?

Zżymałem się na jego naiwności i błędy, wybierałem go za przykład wszystkich niedostatków, które właściwe są więźniom, wygnańcom i pustelnikom. Ale tu, w Carmel, gdzie kazał swoje ciało spalić, a popioły rozrzucić na wiatr, duch jego był, może wcielony w mewy czy lecące nad plażą w majestatycznym szyku pelikany, wzywał mnie do starcia i przez swoją odwagę dodawał odwagi.

20. Do Robinsona Jeffersa

Jeżeli nie czytałeś słowiańskich poetów
to i lepiej. Nie ma tam czego szukać
irlandzko-szkocki wędrowiec. Oni żyli w dzieciństwie
przedłużanym z wieku w wiek. Słońce dla nich było
rumianą twarzą rolnika, miesiąc patrzył zza chmury
i Droga Mleczna radowała jak wysadzany brzozami trakt.
Tęsknili do królestwa, które zawsze blisko,
zawsze tuż-tuż. Wtedy pod jabłonie
wejdą rozchylając gałęzie anioły w płótniankach
i ucztować przy białych kołchoźnych obrusach
będą serdeczność i tkliwość (czasem spadając pod stół).

A ty z grzechocących od przyboju skał. Z wrzosowisk
gdzie składając wojownika do grobu łamano mu kości
żeby nie nawiedzał żywych. Z morskiej nocy
którą twoi przodkowie okryli się, milcząc.
Nad twoją głową żadnej twarzy, ni słońca ani księżyca,
tylko skurcz i rozkurcz galaktyk, niewzruszona
gwałtowność nowych początków, nowego zniszczenia.

Całe życie słuchający oceanu. Czarne dinozaury
brodzą gdzie wznosi się i opada na fali purpurowy pas
fosforycznych łodyg, jak ze snu. I Agamemnon
żegluje po wrzącej toni do schodów pałacu
żeby na marmur trysła jego krew. Aż ludzkość minie
i w ziemię, kamienną, czystą, będzie bił dalej ocean.

Wąskousty, niebieskooki, bez łaski i nadziei,
przed Bogiem Terribilis, ciałem świata.
Nie wysłuchuje modlitw nikt. Bazalt i granit,
nad nim drapieżny ptak. Jedyne piękno.

A mnie co do ciebie? Z drobnych stecek w sadach,
z nieuczonego chóru i jarzeń monstrancji,
z grządek ruty, pagórków nad rzekami, ksiąg,
w których gorliwy Litwin wieścił braterstwo, przychodzę.
O, te pociechy śmiertelnych, wierzenia daremne!

A jednak nie wiedziałeś co wiem. Ziemia uczy
więcej niż nagość żywiołów. Nie daje się sobie
bezkarnie oczu boga. Tak mężny, w pustce,
składałeś ofiary demonom: był Wotan i Tor,
skrzek Erynii w powietrzu, przerażenie psów,
kiedy z orszakiem umarłych nadciąga Hekate.

Raczej wyrzeźbić słońca na spojeniach krzyża
jak robili w moim powiecie. Brzozom i jedlinom
nadawać żeńskie imiona. Wzywać opieki
przeciwko niemej i przebiegłej sile
niż tak jak ty oznajmiać nieczłowieczą rzecz.

21. Seks dostarczony

„Kobieta jest w swoim prawie, a nawet spełnia rodzaj obowiązku, kiedy dokłada starań, aby wydać się istotą magiczną i ponadnaturalną".

Charles Baudelaire

W hierarchii ludzkich potrzeb pierwszą jest zaspokojenie głodu i dość łatwo jest zrozumieć, dlaczego mit seksualny powstał w cywilizacji, która, jak żadna inna przed nią, zaczęła produkować żywność w nadmiarze. Niemniej bujność i wszechobecność tego mitu są zadziwiające i można je ocenić tylko odrywając się z wysiłkiem od tego, co otacza nas co dzień. W każdej chwili jestem wystawiony na jego liczne rozgałęzienia, w jego służbę zaciągnęły się słowo drukowane, ilustracje pism, film, telewizja, dźwięk muzyki w tranzystorze. Stało się tak mocą pewnego automatyzmu, bo uwagę odbiorcy i tym samym jego pieniądze najłatwiej przyciągnąć apelując do zainteresowań najbardziej powszechnych. Poza tym coraz szybszy rozrost środków przekazu jest poddany prawu żywej akcji, która przecie nie polega na niczym innym niż na wzajemnym gonieniu się ludzi: ludzie gonią się albo, żeby do siebie strzelać, albo, żeby się obłapiać. Jeżeli używam słowa „mit", to dlatego, że z coraz to zwiększanej dozy zachęt i pokus wyłonił się zespół wierzeń tylko z pozoru instynktownych, w istocie, jak wszystkie wytwory zbiorowe, „sztucznych".

Nie jest niezwykłe, że ciało pięknej kobiety budzi moje pożądanie, ale czy nie zachodzi coś innego, kiedy tych ciał jest tysiąc, dziesięć tysięcy, mniej czy bardziej obnażonych, dla mnie omdlewających, mnie ofiarowujących się, o twarzach utrwalonych w wyrazie ekstazy? Kiedy z radia i z płyt rozlega się ich gardłowe wabienie albo nerwowy śmiech, który wiadomo, co znaczy? Ta obfitość jest przeznaczona na to, żebym bronił się humorem, tylko uśmiechnięty, zobojętniały niby pasza w swoim haremie, a jednak, wbrew samemu sobie pobłażliwemu i wyższemu, uważny na tę właśnie nogę, pośladek, biodro zalecające nowy film albo nowy kosmetyk. Ilość przechodzi tutaj w jakość i nowa jakość doznań niepostrzeżenie, bez przymusu, wprowadza w filozofię. A jest to filozofia Wysp Szczęśliwych, na których wszystko, co naturalne, jest bez grzechu, ziemskiego raju. Znający innych w ich nagości i znany im w mojej nagości, biorę i jestem brany, jednoczy nas orgiastyczna tożsamość. Tylko że Wyspy Szczęśliwe, niegdyś znajdowane w Polinezji przez marynarzy z purytańskich krajów, opanował kościół higieny.

Publiczne dyskusje o orgazmie doskonałym i niedoskonałym; równe prawa mężczyzn i kobiet do rozkoszy; pigułka pozwalająca kobietom oddawać się miłości bez zajścia w ciążę; niechęć do wstrzemięźliwości jako sprzecznej z wymogami zdrowia; dziewictwo jako humorystyczna przypadłość, której należy się pozbyć — nie są to tematy dla naszych pradziadków. W *Nowym wspaniałym świecie* i w innych antyutopiach seks upowszechniony, uznany za zwyczajną fizjologiczną funkcję, występuje, nie bez kozery, jako znakomity środek depersonalizacji. Czego na ogół nie zauważają autorzy antyutopii, które zresztą już są rzeczywistością, to oderwania się mitu od instynktu. Gdyż istnienie bogów i herosów mitologii było przyjmowane na wiarę, chociaż nikt ich nie spotkał i podobnie seks sam w sobie, akt spełnienia w najściślej własnym, odrębnym, czystym wymiarze, istnieje jedynie w ilustracjach pism, w obietnicach ogłoszeń i na ekranach. Ten seks obiektywizuje mnie jak wiadomości o poprawnym działaniu wątroby, która jest jedną, ogólną wątrobą, mającą przedstawicielstwo w moim ciele. Normalność służy za miernik i stosuje się do mojej wątroby-przedstawicielki. Ale, niestety, w wypadku seksu jest to jedynie normalność wyobrażona i upragniona. Bowiem większość mężczyzn i kobiet napotyka w tym względzie na niejakie powikłania i trudności, choć żadne z nich nie kwapi się, żeby do tego się przyznać, chowając w duszy smutek garbusów. Mit seksualny powierza im obrazy upewniające, że szczęście orgiastycznego zjednoczenia jest łatwe. Biedna pani Bovary Flauberta chciała znaleźć w życiu taką miłość, jaką znalazła w romansach. Wzór się zmienił i romantyczna miłość zyskała nazwę orgazmu doskonałego, ale teraz zaprasza już wszystkich do marzeń romans śpiewany, mówiony, ilustrowany.

Czy nagość była kiedykolwiek dla ludzi tym, czym jest dla nas? Jest to ważne pytanie, pełne filozoficznej treści. Kobieta rozbierająca się na filmie z 1919 roku zdejmuje suknie modne w 1919 roku, nie jest naga, ale obnażona z tego, co zdjęła, i bardziej podobna do swojej ubranej siostry niż do nagiej kobiety z drugiej połowy stulecia. Tak samo akty kobiece u malarzy Renesansu są wyłuskane ze strojów epoki, nimi, by tak rzec, ciągle objęte, tyle że są to szaty niewidzialne. Bo ciało zawsze nosi ślad ubioru, jakim jest przykryte, np. pasów czy sznurówek, a przede wszystkim ślad swojego zachowania się, gestów, póz narzuconych przez obyczajowo przyjęty ubiór. Nie to jest jednak najbardziej istotne, ale zmieniające się sposoby widzenia ciała. Widzi je nie jakieś abstrakcyjne „ludzkie oko", ale człowiek do stylu swoich czasów przynależny, o ciągle zmieniającej się wrażliwości na pewne kształty i linie, tak, że ubrany i nagi przedmiot jego erotycznego czy estetycznego podziwu nie dają się od siebie oddzielić. Być może „ciało samo w sobie" jest równie poza naszym zasięgiem jak „rzecz sama w sobie".

A jeżeli nagość dzisiejsza jest mniej odnoszona do strojów, bardziej do innej nagości, do kłębowiska wielu ciał? Kłębowisko występuje co prawda nieraz u dawnych malarzy, co oznacza, że wyobraźni nie był obcy ten zbiorowy wymiar, najczęściej jednak są to przedstawienia splecionych ze sobą potępieńców spadających w czeluść piekieł. W życiu codziennym malarze nie mieli okazji oglądać bardzo wielu gołych postaci ludzkich równocześnie, dlatego też może przerzucali takie sceny w zaświaty. Nawet łaźnie gromadziły niewielu osobników tej samej płci czy też były domeną całkiem prywatną, chronioną przed wzrokiem niepowołanych. Co innego plaże, baseny pływackie, obozy koncentracyjne, czyli miejsca, gdzie dobrowolnie albo przymusowo ludzie poddają się liczbie.

Miejsca takie występują w podwójnej roli: jako bezpośrednio dane doświadczenie i jako wymierzone w nas obrazy fotografii, filmu oraz telewizyjnego ekranu. Zmniejsza się przy tym dystans pomiędzy doznanym bezpośrednio „byciem w masie" i przekazaną informacją, zwiększa się zdolność utożsamienia siebie z każdym. To słowo „każdy" odsyła nas do średniowiecznego moralitetu, tam jednak chodziło o przygody duszy, albo zbawionej, albo potępionej. Wczepiająca się w siebie ludzkość fizjologiczna ukazuje się jako rodzaj koralowej rafy. Nie przypadkiem mówiąc o nagości i seksie powołuję się na obóz koncentracyjny: rozkraczone trupy więźniów, ze swoimi *private parts* wystawionymi na widok publiczny, są tym, czym więźniowie byli dla administratorów obozu, którzy naznaczyli ich numerami. Mit seksualny powoli, stopniowo ujednolica i odprywatnia ciała, zamieniając je w przedmioty, których zasób wydaje się niewyczerpany, jakiekolwiek plagi mogą dotknąć gatunek. Niestety zgoda na łaskawie ofiarowaną wolność spleciona jest z nienawiścią i nie jest to wiek wesołych pornografów. Ze *Sweeney Agonistes* Eliota dowiadujemy się, że na wyspach Południowych Mórz nie ma nic prócz *birth, copulation and death*. Otóż „narodziny, kopulacja i śmierć" są udziałem człowieka w ogóle, są kategoriami nieosobowymi, nawet przeciwosobowymi, i nie mają zgody jednostki, bo chce ona więcej, chce być nieśmiertelna i niepowtarzalna. Gdyby było inaczej, Wyspy Szczęśliwe nie stawałyby się symbolami złowrogiej nudy.

Antyutopie naszego stulecia (Zamiatin, Huxley, Orwell) pokazywały społeczeństwa pod totalną kontrolą, gdzie wolnością nazywa się brak wolności. W takich społeczeństwach rządzący dbają o dostarczenie rządzonym godziwych rozrywek zapobiegających niepokojowi myśli. Najlepiej spełniają tę funkcję gry seksualne. Przynosi zaszczyt intuicji autorów tych książek, że Eros działa w nich jako siła wywrotowa, co przez władców jest doskonale rozumiane: seks jest antyerotyczny i nie tylko niegroźny, ale skutecznie zapobiega pojawieniu się namiętności zbliżających nie ciała, osoby, i angażujących zarówno cielesność jak duchowość. Bohater wkracza na drogę niebezpieczną, kiedy jest obudzony przez miłość. Dopiero wtedy niewola zamaskowana i przyjęta przez wszystkich odsłania mu się jako niewola.

22. O cenzurze

„Nauczycielka prowadząca próbny program opowiedziała jej, że trudno było wytłumaczyć dzieciom, czym jest erekcja, i że przyniosła w tym celu do klasy dwa króliki.
Kiedy wreszcie królik dostał erekcji, nauczycielka poprosiła dzieci, żeby podeszły, i zwróciły uwagę, jak duże robi się wtedy scrotum królika.
Niektóre dzieci podbiegły, inne zostały w ławkach, niektóre nawet zakrywały sobie twarz.
Tu Mrs. Vipiana zakryła twarz rękami, żeby pokazać ten gest komisji".

Z dyskusji o lekcjach uświadomienia seksualnego w szkołach San Francisco, *San Francisco Chronicle*, 11 IX 1968

Słowo „cenzura" wywołuje natychmiast wrogi odruch, bo oznacza, tradycyjnie, zamiar ukrócenia wolności przez władzę, kościelną czy świecką. Sama istota zachodniej cywilizacji technicznej jest sprzeczna z cenzurą, która zakłada autorytet wyrokujący o tym, co powinno być dozwolone, co zakazane, podczas kiedy cała przygoda odkryć i wynalazków zaczęła się od buntu przeciwko autorytetowi. Każdy podręcznik dostarcza dość przykładów ośmieszania się cenzorów, poczynając od prześladowców Galileusza, a kończąc na sędziach nakazujących konfiskatę dzieł literackich za niemoralność, i to tych właśnie, które następnie weszły do klasycznego kanonu jako obowiązujące szkolne lektury. Niemniej, choć ustroje parlamentarne gwarantowały swobodę naukowych dociekań i prawo do głoszenia politycznych herezji, w naszym stuleciu nadal starano się utrzymać pojęcie występku przeciwko temu, co nazywano publiczną moralnością. Próby te były, jak dziś widać, skazane na porażkę, a to z powodu coraz większego onieśmielenia cenzorów okrzyczanych głupcami i reakcjonistami. Niemało znaczył tutaj niepokój Kościołów gotowych na ustępstwa, byle tylko utrzymać w opinii swój nowy obraz jako instytucji oświeconych i postępowych. Twierdza tzw. moralności publicznej rozpadła się z chwilą, kiedy pojawiła się jedna szczerba w murze: powszechna zgoda na nienaruszalność dzieła sztuki, czyli teza, że wolno pokazywać cokolwiek, w słowach, w bryłach, w liniach, w kolorach, jeżeli cel jest „artystyczny". W Ameryce przed dwudziestu laty dzieła Henry Millera były zakazane. Dzisiaj można je kupować w *paperbacks* i ten jeden przykład wystarcza jako ilustracja ogólnej przemiany.

Cenzura albo jej brak zdaje się pochodzić z zasadniczego wyboru, przy czym nie bardzo można sobie wyobrazić, gdzie zatrzymają się konsekwencje wybranego stanowiska. Jeżeli wolność jednostki powinna być w pewnych wypadkach ograniczana w imię dobra wspólnoty, bardzo duże dobro usprawiedliwi bardzo duże ograniczenia, co będzie równoznaczne z dużą władzą w ręku tych, którzy mają wyrokować, co dla wspólnoty jest dobre, a co złe. Jeżeli natomiast nikomu nie przyznaje się tego przywileju, trudno zaprzeczyć, że każdy jest uprawniony do głoszenia swojej filozofii, choćby ta zalecała z jakichś zasadniczych i głębokich powodów morderstwo i ludożerstwo.

W 1934 roku surrealiści wydali w Paryżu zbiorowy tom wierszy na cześć młodocianej przestępczyni Violette Nozières, skazanej przez sąd na dom poprawczy za otrucie obojga rodziców. Surrealiści, łącząc Freuda z Marksem, marzyli o rewolucji, która obali prywatną własność tudzież burżuazyjną moralność i zmieni wszystkich ludzi w poetów, czyli w stenografów własnej podświadomości. Rodzice Violetty byli to *bourgeois*; dręczyli ją wymagając od niej posłuszeństwa, zakazując spędzania nocy poza domem itd. Otruła ich, złożyła więc dowód, że normy jej są normami przyszłego wolnego społeczeństwa. Dokonała rewolucyjnego aktu. Chociaż w wierszach sławiących jej czyn wolno dopatrzeć się jakiegoś odbicia zbiorowego samowstrętu, dość powszechnego we Francji lat trzydziestych, tom ukazał się w niedużym nakładzie i swoim zasięgiem oddziaływania nie wykroczył zapewne poza kręgi artystycznej bohemy. W rywalizacji z inną europejską książką wydaną nieco wcześniej, ale za to czytaną przez miliony ludzi, przegrał. Książka ta, również zalecająca lepsze urządzenie społeczeństwa, nazywała się *Mein Kampf*.

Francja zachowała zresztą ustawodawstwo wymierzone przeciwko niektórym uczynkom obrażającym przystojność, stąd procesy firm wydawniczych specjalizujących się w pornografii. Nikt nie niepokoił jednak wydawców drukujących pornograficzne książki po angielsku, przemycane następnie do Anglii, Kanady, Stanów Zjednoczonych. Jeszcze niedawno, dziesięć lat temu, czytałem *Memoirs of Fanny Hill* w jedynie wtedy dostępnym wydaniu paryskim. Dzisiaj ta, rzeklibyśmy, klasyczna powieść pornograficzna, wyposażona we wszystkie zalety osiemnastowiecznego stylu, jest w Ameryce wszędzie do nabycia w *paperback*. Nie podejmuję się powiedzieć, czy dlatego, że uznano ją za „dzieło sztuki", czy też dlatego, że cały podział na cele tzw. artystyczne i pozaartystyczne stał się najzupełniej mglisty. Autor, John Cleland, który napisał powieść dla pieniędzy i następnie starał się ten grzech młodości okupić pisaniem pobożnych traktatów, niemało by się zdumiał, gdyby usłyszał, że kiedyś zaliczą jego figiel do takiego samego rzędu jak rapsody Homera. Cel książki jest dostatecznie określony: przedstawia ona seksualne ćwiczenia w świetle jak najbardziej zachęcającym i prawdopodobnie może służyć jako podnieta dla znudzonych kochanków, opieszałych małżonków. Upływ czasu nadał przy tym powieści Clelanda cechy niemal bukoliczne. Czyta się ją z nostalgią ze względu na jej jawnie sztuczny realizm i na afirmację prostych przyjemności zażywanych bez nienawiści do świata.

W *paperbacks* sprzedaje się też dzieła Markiza de Sade, łącznie z jego *Filozofią w buduarze*, i co mnie tutaj ciekawi, to mój odruchowy sprzeciw. Dopuszczam przy tym dwie możliwości. Albo umysł mój, wychowany przez katolicyzm, marksizm czy też po prostu przez historyczne konwulsje Europy, jest nieco totalitarny i przyjmuje milcząco, że należy kontrolować tę strawę duchową, jaką otrzymują „masy", czyli uzurpuje sobie wiedzę o tym, co dla nich jest zdrowe, a co niezdrowe. Albo też, wskutek dystansu do powszechnych dokoła mnie obyczajów, mam odwagę dopatrywać się problemu tam, gdzie inni nie chcą go dostrzec, bo jest niewygodny. *Filozofia w buduarze* jest zapewne najbardziej nieskromnym utworem literackim, jaki kiedykolwiek napisano, i to nie dlatego, że pokazuje arystokratyczne grono próbujące, zbiorowo, wszelkich figur kopulacji, z wyraźną predylekcją do sodomii. Forma dialogów nadaje dziełku charakter parodii, *opery buffo*, i czyta się je z uśmiechem, który, co prawda, ustępuje wkrótce miejsca znudzeniu, bo powtórzone ileś tam razy opisy erotycznej frenezji są monotonne. Ale de Sade występuje też z propozycją nowej moralności i jest w tym poprzednikiem surrealistów ogłaszających wiersze na cześć trucicielki Violetty Nozières. Prawa boskie i ludzkie zostały wymyślone po to, żeby pozbawić jednostkę jej przyrodzonych przywilejów. Wyzwalając się z kłamstwa i hipokryzji, doskonały libertyn za jedyną miarę dobra i zła obiera własną przyjemność. Praw boskich i ludzkich nie można jednak skutecznie obalić, dopóki nie zaatakuje się ich w samych podstawach, najmniej widocznych, co do których godzą się, nie myśląc o tym, wszyscy. Nawet najśmielszy filozof wzdryga się przed przekroczeniem pewnej granicy. Tylko gotowość na morderstwo spełnione dla własnej przyjemności stanowi dowód, że zostawiło się poza sobą pętające nas, najzupełniej sztuczne, przykazania. *Filozofia w buduarze* jest traktatem o morderstwie. Szesnastoletnia Eugenia jest wtajemniczana stopniowo: najpierw seksualnie, później, kiedy ośmieli się przełamywać wyniesione z domu zakazy, jest już chętną słuchaczką dalej sięgających nauk. Dowiaduje się, że wolno zabijać. Ale jest coś gorszego, w przekonaniu ogółu, niż zabicie człowieka, dlatego też Eugenia zdaje egzamin inaczej: przyznaje się, że nienawidzi swojej matki dewotki i z radością przystaje na plan jej ukarania. Przygląda się, klaszcząc w ręce, kiedy matkę zwabiają do *chateau* i gwałcą, nie tylko żeby ją poniżyć, także żeby ją zarazić syfilisem.

Losy Markiza de Sade wskazują, że opinia publiczna przywiązana do pewnego moralnego kodeksu odnosiła się do takich propozycji filozoficznych niechętnie i że w zwalczaniu ich wykazywała dużo pewności siebie. Druk utworów w rodzaju *Filozofii w buduarze* na użytek mas można tłumaczyć osłabieniem miar osądu, ale prawdopodobnie inny czynnik więcej tutaj waży: przyjęto milcząco za pewnik, że wpływ słowa pisanego na instytucje i obyczaje jest nieduży albo żaden.

I oto, co dotychczas napisałem o cenzurze, wydaje mi się zupełnie staroświeckie, podobnie jak staroświeckie są ustroje, w których państwo opłaca wielką ilość urzędników za to tylko, że wykreślają ołówkiem całe zdania z powieści, czy też w razie potrzeby poprawiają wiersze poetów. Gdyż zadrukowany papier trzeba umieć zobaczyć razem ze wszystkim, co nas otacza, czyli z niepojętą dla naszych przodków mnogością — ludzi, idej, środków przekazu, towarów wytwarzanych dzięki technologii, na wpół zużywanych i zaraz wyrzucanych na śmietnik. Markiz de Sade był rewolucjonistą całkowitym, najbardziej radykalnym z radykalnych, i do swego filozoficznego przedsięwzięcia przystępował poważnie. Jednakże jego książki, tak jak książki w ogóle, spełniają inną funkcję, niż kiedyś miały. Są eksponatami olbrzymiego, bez ustanku rozszerzanego muzeum, w którym dzieła sztuki wszystkich cywilizacji i epok, kodeksy, biblie, korany sąsiadują ze sobą w synkretycznym zgiełku. Najbardziej skrajne zalecenia obezwładniają się, znoszą się wzajemnie, zmieniając się natychmiast w tzw. kulturę. Techniczny aparat produkujący mowę, mówioną, pisaną i obrazkową, przechwytuje i przyswaja na swój użytek każdy bunt, również bunt przeciwko niemu. Programy anarchistów i zapowiedzi końca świata, wezwania do politycznego mordu, zachęty do ucieczki w lasy i góry, żeby tam oddawać się kontemplacji, ogłoszenia lig, których uczestnicy zbierają się nago i „poznają się w jestestwie swoim", propaganda narkotyków, hymny na cześć totalitarnych ustrojów są równouprawnione i zaspakajają potrzeby rynku. Zaprawa apokaliptyczna albo rewolucyjna działa na rynek ożywczo i gdyby jej zabrakło, należałoby ją dla celów handlowych wynaleźć.

Cenzura jako zakaz traci rację bytu tam, gdzie to, co jest dotykalne, materialne, pozostaje odporne wobec każdego „na niby", wobec języka złożonego z pojęć i symbolów. To, co dotykalne, materialne, obywa się bez idej, zastąpiła je wszechobecna konieczność. Człowiek jako przedmiot ekonomii zachowuje się tak, a nie inaczej nie dlatego, że w głowie jego powstają filozoficzne uogólnienia, ale dlatego, że musi zaspokoić swoje potrzeby, natomiast zaspokoić je może tylko podporządkowując się prawom niezależnym od jego woli. Tak przynajmniej wygląda ukryta przesłanka, pozwalająca odnosić się bardziej pobłażliwie niż wrogo do kultury, do muzeum, jako do czegoś, co „nasyca intelektualną ciekawość" czy też upiększa surowe życie. Przesłanka nieco wątpliwa, skoro środki masowego przekazu, tj. język, są napędem ekonomii wytwarzając ciągle nowe potrzeby przy pomocy reklamy. Poza tym nie jest pewne, czy pomysły zamknięte w rezerwacie kultury zawsze mają ochotę tam na stałe zostać.

Markiz de Sade, obezwładniony przez swoją godność literackiego klasyka oraz swój styl z innej ery, jest też obezwładniany co dzień przez coraz to nowych współzawodników w jaskrawości. Seks i *violence* są u niego nieco zbyt umowne, za mało fotograficzne. Wielobarwna mnogość szturmująca powszechną nieuwagę może tylko niekiedy przebić się przez sieć i dostąpić rozgłosu. Premiowane są zwięzłość, dobitność, brutalność wyrazu oraz uproszczenie myśli, tak żeby dała się przekazać bez zbyt zawiłych rozumowań, mocą samych dotykanych palcem „faktów". Są to wymogi dokładnie odwrotne niż w ustrojach lekceważących rynek, gdzie język staje się labiryntem zmiennych znaczeń, gdzie „fakty" cenzura wydziela skromnie, natomiast wiele pracy wkłada się w ich interpretację. Język naturalistycznego, niemal klinicznego, opisu zdaje się być szczególnie skuteczny w walce o uwagę i pieniądz, natomiast interpretacja zostaje wbudowana w sam montaż, ukryta, czyli wybór zjawisk podaje się jako najprawdziwszą rzeczywistość. Wybór musi sprzyjać wszystkiemu, co krzyczy głośno, tj. seks i *violence* są na pierwszym planie. Słowo zresztą współzawodniczy z ruchomą i nieruchomą fotografią, która w wyścigu o dobitność wygrywa i z kolei poddaje się wymogom wielkiej licytacji.

Nic naszym oczom nie jest oszczędzone. Sceny, jakie niedawno jeszcze znajdowano tylko w powieściach Clelanda albo Sade'a, są tutaj przede mną, na ekranie. Udręki zadawane ludziom przez ludzi, zabójstwa, masowe morderstwa, wojnę, ogląda się siedząc w domu (na kolorowej telewizji). Czy ktoś jest za zabijającym czy za zabijanym, nie ma znaczenia: patrzy. Nie ma też znaczenia, czy autor, reżyser, fotograf chcą zachęcać czy też ostrzegać, skoro środki użyte przez nich są te same. Za przykład dwuznaczności wpływu można obrać film *Bonnie and Clyde*. Dzieje pary gangsterów są w nim przedstawione jako „prawdziwa historia", z naturalistyczną dokładnością. Ta nie wyklucza bynajmniej, jak to mówiło się kiedyś, tendencji. Wiadomość o miasteczkach amerykańskiego Midwest w latach tysiąc dziewięćset trzydziestych, jaką otrzymuje widz, jest niepochlebna: przerażająca duchowa pustka, nicość życia sprowadzonego do zarobkowej krzątaniny pozostawia jednostkom o większej fantazji jedyne wyjście, gangsterstwo, ten heroiczny epos dusz zdeptanych. Taka też zapewne była wtedy cała Ameryka, choć wolno podejrzewać, że nastąpił tutaj przerzut z dzisiaj na wczoraj. Bo tak właśnie widzi dzisiejsze prowincjonalne miasteczka wykształcony Amerykanin młodszego pokolenia: jako bezsens skarlałego, znikczemniałego bytu, i ucieka stamtąd gdziekolwiek, choćby do Hollywood. Film *Bonnie and Clyde*, wbrew prawdzie o rzeczywistych Bonnie and Clyde, znacznie bardziej prozaicznych, jak się zdaje, bandytach, opowiada o biednych ludziach wyzutych z ludzkiego dziedzictwa, którzy strzelają, bo tak tylko mogą odzyskać swoją godność, swoje prawo do nadziei. Seksualna impotencja bohatera ma oczywiście sens symboliczny, oznacza jego wewnętrzną niezgodę na brak, na zasadnicze pozbawienie. A więc film krytyki społecznej, tym różny od filmów krytyki społecznej sprzed II wojny światowej, że tam, np. w *Grapes of wrath*, nacisk był położony na krzywdę, na nędzę materialną, tutaj, zgodnie z inną intelektualną modą, na alienację, na nędzę duchową. Nie najmniej jednak, może najbardziej, istotne są kawały krwawego (kolorowego) mięsa w agonii, czyli to wszystko, czego nie ośmieliłaby się pokazywać kamera parę dziesiątków lat temu. Pomińmy wpływ wychowawczy. Dla studentów w Berkeley *Bonnie and Clyde* było widowiskiem budzącym litość i grozę, wymierzonym przeciwko gwałtowności, pośrednio przeciwko wojnie w Wietnamie. Zapewne wielu widzów czerpało stamtąd inne zachęty, smakując poezję rebelii i celnego strzelania z pistoletu. Rzecz w tym, że kawałów krwawego mięsa ani jedni, ani drudzy nie będą już mogli usunąć z wyobraźni.

Wyobraźnia nasza jest pojemniejsza niż wyobraźnia poprzednich pokoleń. Horror był wtedy częścią istnienia tak jak dziś, ale urządzano się tak, żeby na co dzień kryć go za zasłoną. W najbardziej nawet złowrogich krajach, jak na przykład uprzemysławiająca się Anglia, która natchnęła gniewem Karola Marksa, istniały strefy łagodności i ciszy.

W Rosji syberyjskie katorgi pozostawały niejasną groźbą, nawet Dostojewski w swoich *Zapiskach z domu umarłych* wiele w opisie pomijał. Raporty o nędzy chłopów przyjmowano jak wieść z egzotycznego kraju. Obławy na Murzynów w Afryce, transporty niewolników zapewne dokuczały świadomości mieszkańców Europy, ale nie tak znowu bardzo, skoro działo się to daleko i oczy ich nie były narażone na widok tortury. Mordowano się w wojnach, ale nikt ich nie filmował na żywo. Ludzkość dzieliła się na tę, która mówi, ale wie albo chce wiedzieć niewiele, i tę, która wie dużo, ale milczy.

Wszystkie alkowy i wszystkie pobojowiska! Buddyści dokonujący całopalenia w proteście przeciwko wojnie umierali na arenie większej niż jakiekolwiek areny starożytnego Rzymu. A także w Wietnamie po raz pierwszy strzelano do przeciwnika i padano przed filmową kamerą. Skłonni do litości nad sobą Europejczycy, których pamięć przechowała niewiarygodne widowiska, poczuli się być może obrabowani, skoro wiedza o pewnych ponurych cechach natury ludzkiej przestała być udziałem bezpośrednich uczestników w wypadkach. Czyż nie widzieliśmy, pijąc piwo, jak szef policji Sajgonu zabijał oficera Wietkongu, wojennego jeńca, strzelając mu w skroń? Czyż nie widzieliśmy, jak Oswald, zastrzelony przez Ruby'ego, chwytał się za brzuch? Czyż nie widzieliśmy dzieci poparzonych napalmem? I padającego Roberta Kennedy w sekundę po strzałach Sirhana?

Wiele lat temu, podczas mojej pierwszej bytności w Ameryce, zaraz po wojnie, rozmawiałem z pewnym sławnym pisarzem, niewątpliwie humanitarystą, o murzyńskich gettach. Usłyszałem od niego, że jednak, pomimo wszystko, jest coraz lepiej. Pozostało mi po tej rozmowie długo trwające zdziwienie: dlaczego to mówił, on, którego dzieła, tłumaczone na wiele języków, są jak antyczne tragedie opowiedziane prozą? Więc i on musiał się urządzać, żeby usuwać poza świadomość prawdę, podobnie jak ci znani mi, liczni Europejczycy, którzy nie życzyli sobie dowiadywać się o więzieniach i obozach koncentracyjnych, bo to osłabiałoby ich wiarę we własną partię czy wodza? Łagodni liberałowie w rodzaju owego pisarza mają dzisiaj niewiele ułatwień, skoro piekielna aura gett i baraków dla robotników rolnych wydobywa się z telewizji osiadając niby trująca mgła na meblach *living room*u.

Byłoby naiwnością zapominać o wielkim ubóstwie wiadomości bieżących i o działaniu przeróżnych odmian ukrytej, często jawnej, cenzury. Jest to jednak ubóstwo interpretacji, nie „faktów", które im są jaskrawsze, tym bardziej sprzedażne. I oto wyobraźnia musi pomieścić ból, poniżenie, gwałt, nędzę, absurdalność wierzeń i obyczajów na całej ziemi, nic nie jest zażegnane, oswojone przez myśl, która przecie leczy nas trochę z niepokoju, jeżeli zapytując „dlaczego?" dostajemy odpowiedź: „dlatego że". Świat uderza w nas jako wcielony nierozum, jako twór jakiegoś gigantycznego obłąkanego mózgu. Czy można przyjąć ten cały ładunek i zgodzić się, że co jest, po prostu jest i koniec? Można, ale tylko przeżuwając jak krowa, w stanie kontemplacji zwierzęcej. Jeżeli jesteśmy zdolni do współczucia i zarazem bezsilni, żyjemy w desperackim rozdrażnieniu. Tutaj zapewne jest jeden z powodów zajadłości, którą nazwałem neomanichejską.

23. O agonii Zachodu

„Due to the lack of interest tomorrow is cancelled”
(„Z powodu braku zainteresowania Jutro nie odbędzie się”)

Napis ołówkiem na ścianie w WC
restauracji studenckiej w Berkeley

Obchodzą mnie przede wszystkim nie wyznane, słabo uświadomione, przesłanki mojej albo czyjejś myśli. Należy do nich, obok wiary w powszechną ewolucję, nieprzychylna ocena kierunku, w jakim zmierza kraj, społeczeństwo, cywilizacja. Dziwnie nieco to pisać tutaj, w państwie, które zdobyło największą w dziejach ekonomiczną potęgę, ale sądząc po grymasie wściekłości i pogardy przezierającym z płodów pióra, pędzla i kamery, nigdzie tak wielu ludzi nie oddaje się rozrywkom oskarżycieli. I chociaż odczuwam pewne pokrewieństwo z nimi, właśnie ono usposabia mnie nieco nieufnie do siebie, bo ich działalność jest lustrem, w którym mogę się snadnie przypatrzeć.

Przekonanie o dekadencji, gniciu Zachodu zdaje się być stałą częścią rynsztunku ludzi światłych i czułych na okropności towarzyszące technicznemu postępowi, przy czym jest to przekonanie równie wiekowe jak nowoczesna sztuka. Wystarczy powołać się tutaj na wielkie miasto występujące u Baudelaire'a jako *cité infernale*. Skoro jednak przyjmiemy, że rzeczywiście odbywa się regres, powstaje pytanie, regres od czego, gdzie jest ów stan idealny, równowagi, wigoru, ku któremu powinniśmy zwracać oczy z tęsknotą. Najrozmaitszych udzielano na to odpowiedzi. Pierwszym wielkim patronem niezadowolonych był zapewne Rousseau, kiedy wystąpił przeciwko poglądom Hobbesa podzielanym przez trzeźwych wyznawców Rozumu. Według Hobbesa człowiek wynurzył się z pierwotnej dzikości, barbarzyństwa, niczym nie kontrolowanej walki wszystkich przeciw wszystkim. Przed Rousseau nikomu nie przychodziło do głowy, żeby brać dosłownie legendę o Wieku Złotym i marzyć o stanie natury, bez nauk i sztuk. Wprawdzie Rousseau nie zalecał powrotu do kondycji niewinnego dzikusa, obierał ten stan jedynie za wzorzec dla świadomie kultywowanej Cnoty, tej Cnoty, w imię której tak wiele głów wkrótce miało spaść na gilotynie. Jego uczeń, Tołstoj, w niejednym prześcignął swego mistrza stanowczością sądów. Być może ma rację Bierdiajew nazywając Tołstoja złym duchem Rosji, bo mędrzec z Jasnej Polany ćwiczył inteligencję rosyjską w wysuwaniu żądań absolutnych, w tym, co można by nazwać zniecierpliwieniem instytucjami, hierarchiami, stopniową poprawą, zresztą w ogóle historią jako tkaniną zawiłych współzależności lepszego i gorszego. Ale Rousseau i Tołstoj to tylko jedne z wielu odpowiedzi. Romantycy upodobali sobie średniowiecze i odtąd wyidealizowany obraz cywilizacji organicznej, patriarchalnej, spojonej religijną żarliwością wszystkich, od królów do maluczkich, miał powracać nieraz. Inni romantycy, zwani utopijnymi socjalistami, odkryli, jako lekarstwo na wszelkie zło, pierwotną wspólnotę dóbr, kiedy nie było pojęcia prywatnej własności, i starali się ją wskrzesić w swoich falansterach. Młody Marks doszedł do wniosku, że człowiek nie tylko nie żyje tak jak powinien, ale że warunki, w jakich się znalazł, alienowały go od jego istoty, od jego człowieczeństwa, skąd dalszy wniosek (niezupełnie logiczny; raczej akt wiary), że musi gdzieś być układ warunków zapewniający jedność pomiędzy istotą i sposobem egzystencji; ten układ warunków Marks umieszczał w przeszłości, w komunizmie pierwotnym, i w przyszłości, w komunizmie przemysłowym. Tym niemniej postęp techniki w ciągu dziewiętnastego wieku niezbyt troszczył się o plany marzycieli i rewolucjonistów, było w nim coś samoczynnego i bardziej niż gniewne traktaty znamienna jest dla wyobraźni ludowej popularność *science fiction*, najpełniej ukształtowanej w optymistycznych powieściach Jules Verne'a. Dopiero kiedy *science fiction* zaczną zaprawiać trwożne przeczucia i nadawać jej rysy antyutopii, można mówić o wydobywaniu się na powierzchnię utajonych nurtów zwątpienia. U schyłku swego długiego żywota, zawsze dotychczas wierny swoim scjentycznie humanitarnym wizjom, G. H. Wells ogłosił książeczkę rozpaczliwą *Mind at the end of its tether*, w której wyznał, że widzi niewiele szans, żeby ludzkość, uwikłana w swoje własne wynalazki, mogła przetrwać. Jego „umysł u swego kresu" to nic innego niż *Moloch którego imię Umysł* amerykańskiego poety Ginsberga.

Być może datą inauguracji europejskiego dekadentyzmu był 1886, kiedy w Paryżu ukazało się pismo „Le Décadent". Autorzy w nim zgrupowani oświadczali, że nie chcą tworzyć, chcą niszczyć, bo *hyper-blasée* cywilizacja Zachodu kona i nie da się już uratować. Dekadencki kwiat co prawda wtedy dopiero pączkował. Odżywiały go różne soki, przede wszystkim jednak kryzys religijny. Mniej więcej w tym samym czasie z małych kółek bohemy zaczyna przenikać do szerszych środowisk ubóstwienie sztuki jako owocu najwyższej, sakralnej czynności; już nie przez to, co komunikuje, ale przez samą swoją formę sztuka miała być religią, a twórca jej kapłanem. Odtąd coraz więcej ludzi miało przyczyniać się do ogólnego zamętu, przeciwstawiając światu bez bogów i cywilizacji bez obietnic swój kult własnego kultu i spierając się zażarcie o to, który z szybko zmieniających się artystycznych „izmów" jest najwłaściwszą odmianą liturgii. Otworzyła się nowa, olbrzymia dziedzina dla dyletantów i nierobów, bo każdy, kto skończył szkołę średnią, czuł się w głębi serca artystą, albo przynajmniej czuł się powołany do rozprawiań o sztuce.

Nie ulega dla mnie wątpliwości, że mój umysł wchłonął wszelkie możliwe ingrediencje zwątpienia w tę europejską cywilizację, w jakiej rosłem. Na moje dzieciństwo przypadła I wojna światowa, oznaczająca koniec pewnego ładu, wspaniałego zdaniem jednych, gnijącego zdaniem innych, ale ładu. Nastąpiła też Rewolucja Rosyjska zapoczątkowując erę porównań: „tam — tu". I rzekłbym, że dziewiętnastowieczne zniechęcenia, rozczarowania, ponure przepowiednie spychane poprzednio na margines przez ład ustalony nabierały dobitności, krystalizowały się, atakując mój dojrzewający umysł ze wszystkich stron. Stara romantyczna tęsknota do hieratycznych, kapłańsko-rycerskich społeczeństw sprzed zgubnych zatruć racjonalizmem odrodziła się w tezach Oswalda Spenglera (mającego zresztą poprzednika w Rosjaninie Nikołaju Danilewskim) o cywilizacjach jako organizmach przeżywających kolejno dzieciństwo, dojrzałość i uwiąd starości. Oczywiście Zachód miał już wejść w fazę odpływu swoich żywotnych sił. Z pokonanych Niemiec promieniowały zgryźliwe i wzgardliwe wieści o impasie, w jaki wepchnął zachodnią ludzkość zadufany w sobie Rozum; nadziei szukano w orientalnych mędrcach, w hinduizmie, buddyzmie. Młodzi pisarze Anglii — T. E. Hulme, T. S. Eliot — programowo nawiązywali do przeszłości, widząc w dzisiaj tylko jałowość, nudę, pustkę „wydrążonych ludzi" pozbawionych wiary religijnej, a tym samym celu i sensu istnienia. Nie znaczy to, że czytałem Spenglera albo wiedziałem coś o Anglii. Podobne jednak tendencje nie były obce i Polsce, dokąd przedostawały się też z pism przedrewolucyjnych Rosjan, poza tym, ponieważ umiałem jako tako po francusku, dowiadywałem się o inwazji pesymizmu z książek fanatyków kartezjańskiej jasności, przeważnie konserwatystów, którzy, np. Henri Massis (*Defense de l'Occident*), za rozsadnika zarazy uważali Niemców. Tymczasem na całą kulę ziemską szła propaganda rewolucyjna o „gniciu kapitalizmu" i jego nieuniknionej śmiertelnej agonii. Hitlerowska kontrrewolucja zdawała się całkowicie hasła tej propagandy potwierdzać. Co do II wojny światowej, to spełniała ona z nadwyżką zapowiedzi proroków upadku, z jakichkolwiek wychodzili założeń. Nigdy dotychczas w ciągu tak krótkiego czasu nie zadano śmierci tak wielu milionom ludzkich istnień, nigdy dotychczas planowana na chłodno eksterminacja całych narodów nie miała do rozporządzenia tak udoskonalonych środków technicznych.

W jaki sposób zachodnia Europa funkcjonowała od dnia końca wojny do dzisiaj, kiedy to piszę, jest dla mnie najzupełniejszą zagadką, mimo że mieszkałem tam, we Francji, przez dziesięć lat, 1950—1960. Gdyż duch europejski nienawidził siebie, zwracał się przeciwko sobie, wyszydzał przez siebie wypracowane instytucje, być może tak maskując dotkliwe poczucie własnej hańby. Była to orgia, pandemonium tych wszystkich niesmaków, goryczy, zgag, jakie znałem z mojej wczesnej młodości, a które jakby teraz dopiero zostały w pełni uznane, rewindykowane, usprawiedliwione, przy pomocy modnych rozważań o *la nausée*, absurdzie, alienacji. Duch ten odrzucał jakiekolwiek „tu i teraz", wynosząc pod niebiosy „tam i kiedyś"; uchodziło za pewnik, że na Zachodzie odbywa się dogorywanie. „Tam" oznaczało najczęściej Rosję, niekiedy jakiś inny kraj, gdzie rządzili komuniści, „kiedyś" — podróż ludzkości na Wyspy Szczęśliwe po zniesieniu prywatnych środków produkcji i zrośnięciu się w jedno esencji z egzystencją. Ale podczas kiedy duch tak się natężał w ucieczce, ciało, z łaski Ameryki, która przez dłuższy czas musiała trzymać europejską gospodarkę w „żelaznym płucu" i odżywiać ją sztucznie, żarło, piło, kupowało samochody i lodówki. Ta podwójność skłaniać powinna do refleksji, bo nieco podważa ugruntowaną w Europie opinię o wzajemnym oddziaływaniu ducha i ciała danej ludzkiej wspólnoty. Gdybyż to tylko nieduże grupki wybranych ćwiczyły się w tym zajęciu, które najlepiej określa francuskie słowo *ricaner*, czyli śmiać się jadowicie. Nie, z poezji i filozofii nastroje bezsilności połączonej z ponurą błazenadą przedostawały się do mas za pośrednictwem powieści, teatru, filmu i prasy. Nietrudno jest ustalić, jak odbywała się wędrówka motywów i form z gatunków elitarnych, mało zrozumiałych dla szerszego ogółu, a więc z zawiłych traktatów czy hermetycznych wierszy, do środków masowego przekazu. Teatr absurdu przeniósł na scenę to, co od dość dawna było dobrze znane czytelnikom poezji. Powieść rozwadniała i udostępniała eksperymenty najpierw oceniane tylko przez wtajemniczonych. Do współzawodnictwa z powieścią wystąpił film, nadając, dzięki językowi obrazów, fantastyczną nieraz siłę uczuciu obrzydzenia i, na przykład u Felliniego czy Antonioniego, obierając tematy zapożyczone od filozofów, a więc przede wszystkim ich gniewne napaści na (złą) egzystencję oddzieloną od (dobrej) ludzkiej esencji. Przybysz z innej planety, gdyby chciał oceniać zachodnią Europę na podstawie tego, co myślała ona o sobie, musiałby uznać, że zbliża się tam rewolucja i że przynajmniej w ponownym wzajemnym wyrzynaniu się mieszkańcy tej części ziemi znajdą niejaką ulgę. Działo się jednak wręcz przeciwnie i pozorne zatrucie stawało się czynnikiem zamożnej stabilizacji.

Ameryka jest oddzielona od Europy tylko Atlantykiem, co jest niewiele. Jej techniczne umiejętności zostały w ostatnich dziesięcioleciach oddane między innymi na użytek przyswajania europejskich idej, bo przecie temu służy niezwykły rozrost wyższego szkolnictwa i tak gwałtowna produkcja książek w *paperbacks*, że, jak mi raz powiedział nowojorski wydawca, przesypuje się je w magazynach szuflami jak węgiel. Oznacza to, że szesnastolatki zapoznają się ze sztukami Becketta i Ionesco w teatrze szkolnym, wkrótce też natrafiają na Nietzschego i Marksa, Spenglera i Sartre'a, Camusa, jak też na najrozmaitsze antyutopie w tanich wydaniach. Czyli, cokolwiek by o tym sądzili nieliczni zwolennicy amerykańskiej czystości, dla których z Europy zawsze płynęło tylko zło, mit upadku i rozkładu musi być zaraźliwy. Mówię: mit, bo najoczywiściej działa tutaj pewna całość aury, tonacji, silniejsza niż prawda czy nieprawda. Zresztą trudno byłoby oddzielić wkład europejski od amerykańskiego. Amerykanin z pochodzenia, T. S. Eliot, należący dziś do szkolnych lektur, był przedstawicielem tonacji ciemnej, żałobnej, po obu stronach zmalałego morza, i nie stanowi wyjątku.

Wesoły młody olbrzym, dzieckiem w kolebce duszący Centaury, z coraz wspanialszą przyszłością przed sobą: ten portret Ameryki jest ostatecznie też mityczny, i nie popełnimy może dużego błędu zakładając, że kraj, jaki w *Liściach trawy* stworzył Walt Whitman, nigdy nie istniał, że został przez niego wywiedziony z wyobraźni, tak jak z wyobraźni zostało wywiedzione miasto-puszcza, z niedosięgalnym matecznikiem gdzieś w środku, Paryż Balzaka. Tym niemniej samo zachłyśnięcie się ruchem naprzód i przestrzenią odpowiadało nastrojom pionierów i osadników znajdujących w materialnym sukcesie nagrodę za swoje trudy. Ale przecie w Ameryce niemal od początku, niemal u fundamentów, znaleźć można sen o Arkadii, o harmonijnym życiu w zgodzie z Naturą, o samowystarczalności pojedynczego człowieka, który szczęśliwy i prawy jest tylko, kiedy bierze od Natury tyle, ile mu potrzeba, przy pomocy topora i strzelby, stroniąc od zawsze skażonego społeczeństwa i państwa. Whitman już nieraz wysławiał tego Adama. Thoreau, według którego cywilizowani mieszkańcy Nowej Anglii znosili swoją ludzką dolę ze „spokojną desperacją", ustanowił coś w rodzaju archetypu dla amerykańskich intelektualistów, propagując cywilne nieposłuszeństwo i uciekając do chaty z bierwion nad leśnym jeziorem. I ja, wychowany na europejskich gorzkich i cierpkich potrawach, jestem teraz otoczony przez nowych Thoreau, którzy tym różnią się od swego duchowego przodka, że „spokojną desperację" milionów współobywateli uważają za wynik cywilizacji coraz bardziej cybernetycznej i że, czekając złośliwie, aż potwierdzi się niewłaściwość obranego kierunku, powołują się na Nietzschego albo na Marksa, to znów na zaczerpnięte z biologii nauki o rodzeniu się i obumieraniu organizmów.

24. Bezkształtne i nowe

Gdybym nie mieszkał tutaj, skąd na całą Amerykę rozchodzą się umysłowe i nie umysłowe mody, pytania, jakie sobie zadaję, byłyby prawdopodobnie nieco inne. Miałbym mniej pewności, że wyłania się właśnie teraz coś dotychczas nie nazwanego, najzupełniej nowego, i powtarzałbym, że każde młode pokolenie, wyszumiawszy się, pozbywa się swoich dziwactw, po czym chwilowo zakłócony ład odzyskuje swoje prawa. Tutaj jednak zbyt dobrze widać, jak mała grupka zmieniła się w dużą grupę ludzi podobnie myślących i następnie w tłum. Pierwszymi wzorcodawcami byli pisarze i artyści, którzy odwracając się od wulgarnej cywilizacji pieniądza schronili się na dziki brzeg Pacyfiku w okolicy zwanej Big Sur, w pobliżu miasteczka Carmel. Były to lata czterdzieste. Następnie, w latach pięćdziesiątych, pojawili się beatnicy, i jako szkoła poetycka San Francisco, i jako sposób życia. Wzgardliwa rebelia beatników nie została bez wpływu i ich utwory weszły w związek z innymi czynnikami przygotowującymi dalszą mutację. W połowie lat sześćdziesiątych ulice Haight i Ashbury w San Francisco otrzymały nazwę *hippielandu*; zrozpaczeni rodzice z całej Ameryki zaczęli tam podróżować w poszukiwaniu uciekających z domu młodocianych synów i córek, ale przed tym wiele się zdarzyło. Kazania różnych *guru* zalecających buddyzm Zen znajdowały duży odzew wśród odszczepieńców martwiejącej, sformalizowanej religii, najczęściej słabo obznajmionych z zasadami chrześcijaństwa czy judaizmu; zresztą orientalną mądrość czerpano na ogół z drugiej i trzeciej ręki, na przykład z europejskiej literatury, przyczyniając się do odrodzenia sławy Hermana Hesse, który swojego *Wilka stepowego* i inne powieści w tej samej wenie napisał wtedy, kiedy ku oburzeniu Francuzów Niemcy działali jako rozsadnik orientalnej zarazy; gdyby nie powszechna znajomość książek Hessego, nie byłoby w Berkeley kawiarni „Steppenwolf". Razem z zachętami do podróży w głąb własnej duszy rozwijał się olbrzymi podziemny rynek na środki „rozszerzające świadomość"; tak jak kościół i synagoga miały równać się bezwładowi myślowemu starszego pokolenia, za symbol jego obyczajowości uznano kulturę alkoholu; toteż wyrzeczenie się jej i zastąpienie kulturą marihuany miało wyraźne cechy grupowego spoiwa, tym bardziej że wskutek absurdalnego ustawodawstwa obrzęd palenia zyskał swoich proroków i męczenników. Co prawda wkrótce stało się publiczną tajemnicą, że coraz więcej osiadłych i spokojnych obywateli woli marihuanę niż alkohol. Nie jest niezwykłe, że książeczka Aldousa Huxleya w obronie peyotlu i meskaliny powstała właśnie w Kalifornii. Przeprowadzano tutaj eksperymenty wkrótce należące do normalnych niemal wtajemniczeń młodego pokolenia, zwłaszcza z chwilą, kiedy wynaleziono Lycergic Acid, który może być przyrządzany w każdym, nawet słabo wyposażonym, laboratorium. *Trip* pod działaniem Lycergic Acid wymaga asysty przewodnika znającego kolejne etapy, jakie przebywa „podróżujący"; od tego niedaleko było do obrzędowości, do ekstatycznych zebrań z ich mieszaniną orientalnej muzyki, chasydzkich klaskań w dłonie czy tańców Indian; marzono o tym, żeby po-bra-tać się z Indianinem, którego religia zaleca użytek narkotyków dających poczucie Jednego a Wszechogarniającego, z Indianinem prześladowanym przez białą Amerykę chrześcijańsko-alkoholicznych pokoleń. Wzięto od niego modę na długie włosy mężczyzn przewiązane na czole wstążką, naszyjniki z metalu albo paciorków, malowanie twarzy we wzory. Ale nie trzeba też zapominać, że wszystko to odbywało się równocześnie z bardzo szybkim przyrostem liczby poetów, rzeźbiarzy, malarzy, ceramików etc., w każdym razie ludzi proklamujących, że chcą oddawać się kontemplacji i twórczości, nie zarabianiu pieniędzy. Ameryka dla pokolenia moich rodziców była krajem Złotego Cielca. Dzisiaj zmienia się zapewne w najbardziej poetycki i artystyczny kraj na świecie.

„Subkultury" mogą być ciekawe dla socjologa albo mogą radować amatorów osobliwości, ale nie zaliczam siebie ani do jednych, ani do drugich. Różne odmiany subkultur pojawiają się i znikają, jak to można sprawdzić na przykładzie tzw. egzystencjalistów gromadzących się w kilku piwnicach Quartier Latin bezpośrednio po II wojnie światowej. W swoich najbardziej rzucających się w oczy formach, ruch, o którym mówię, jest taką przemijającą, a raczej rozpływającą się w ogólnej zmianie mody, subkulturą. Co innego jest ważne: stanowi on jeden z objawów rozłamu na dwie wrogie sobie Ameryki.

Jeżeli w jakimś kraju student, tak jeszcze niedawno posłuszny, schludny, ostrzyżony na jeża, ścigający wyraźny cel, tj. dobrze płatny zawód, zmienia się w synonim wywrotowca? Jeżeli, długowłosy i brodaty, odrzuca wszystkie wartości, religijne, obyczajowe, polityczne, jakie cenią jego rodzice, poszukuje sensu życia, słucha niezrozumiałej muzyki, oddaje się niepojętym eksperymentom z narkotykami? Jeżeli zaciera się granica pomiędzy politycznym wywrotowcem, włóczęgą, studentem, poetą, śpiewakiem układanych przez siebie ballad czy wręcz Indianinem, jak hippie, którego jadąc po Euclid Avenue niedawno podebrałem? Jeżeli nie tylko w San Francisco, ale i w znacznie mniej sprzyjających temu miastach powstają całe dzielnice zamieszkałe przez tych, co wolą gnieździć się byle jak, odżywiać się mlekiem i owocami, chodzić w podartych swetrach, ale za to mieć czas, czytać, pisać, malować, nie brać udziału w „szczurzym wyścigu"?

Czyżbym oglądał odrodzenie się bohemy *fin de siècle*'u — a wszystko, stroje, wstręt do pospolitych zjadaczy chleba, filozoficzne zadumy, na to wskazuje. Tak, ale europejska bohema była bardzo nieliczna, nie zauważana niemal przez wzgardzonych filistrów. Tam, gdzie zamiast kilkunastu *poètes maudits* setki tysięcy przejmują ten styl myśli i życia, nie tylko ilość, również jakość się zmienia. Słyszałem opinię, że ten jeszcze jeden figiel historii, tj. jak najbardziej antymaszynowy ferment, rodzący się w Ameryce wbrew przepowiedniom o powszechnym znijaczeniu, jest właśnie całkiem prawowitym dzieckiem maszyny. Czas, kiedy się ujawnił, przypada dokładnie na początki automacji, która coraz większe masy ludzi będzie pozbawiać pracy, ponieważ jednak wytwarzane w automatycznych fabrykach towary będą musiały znaleźć zbyt, państwo zapewni każdemu przyzwoitą pensję, tj. zarobek od pracy zostanie oderwany. Nastąpi więc podział na nielicznych odpowiedzialnych za poprawne funkcjonowanie maszyn i większość korzystającą z prawa do nieodpowiedzialności. Jednakże przeciętnemu obywatelowi, takiemu jak go zna teraz Ameryka, zupełna wolność od pracy groziłaby obłędem; nawet założywszy, że brzemię Adama może być zdjęte i że potrafi on powrócić do Raju, seks, łowienie ryb, zbieranie znaczków pocztowych nie mogłyby wypełnić godzin, jakie dotychczas spędzał na zarobkowej krzątaninie. Nowy ruch byłby więc objawem instynktownej zdolności człowieka do adaptacji w ciągle zmieniających się warunkach: filozoficzno-poetycka bohema zawsze umiała znaleźć sobie mnóstwo interesujących zajęć, obywając się bez jarzma, słusznie, jej zdaniem, gniotącego tępych nudziarzy.

Według przytoczonej opinii, może trafnej, a może nie, mielibyśmy tutaj do czynienia z awangardą przyszłości występującą w dekadenckim przebraniu. Sporo przemawia za taką interpretacją. Gdyż Moloch, uznany przez długowłosych za ohydny i nieludzki, nie podlega według nich i nie będzie podlegać ludzkiej kontroli, to raczej on wchłania tych, co chcieliby nim rządzić, i rządzi nimi. Co pozostaje, to wycofać się, tak żeby jego oddech jak najmniej nas zatruwał, i pozbyć się odpowiedzialności. Zarazem jednak nie kwestionuje się siły jego molochowatego istnienia; zewnętrzną oznaką tego szacunku jest użytek pieniądza, który zarabiają krótko strzyżone sługi Molocha, wydają długowłosi. Jakiekolwiek są moralne sprzeciwy, nie ulega wątpliwości, że cały ruch nie powstałby w kraju ubogim. Murzyni, na ogół ubodzy z musu, nie odnoszą się zbyt przyjaźnie do ideologów beztroski, mimo że mają w nich sojuszników zwracających się przeciwko wszystkiemu, co upodobała sobie biała ludzkość.

Klapa bezpieczeństwa, rozszerzający się margines? Równie dobrze może być całkiem inaczej. Nie da się wykreślić linii pomiędzy postawami rezygnacji, wycofania się i postawami czynnej rewolty, podobnie jak niegdyś w Europie trudno było orzec, kto jest rezonerem w artystycznej kawiarni, a kto zawodowym rewolucjonistą. Wielotysięczne wiece, *sit-ins*, pochody antywojenne gromadzą zarówno odnowicieli bohemy na masową skalę, jak działaczy i organizatorów z temperamentu. Kilka lat temu, obserwując w Berkeley czternaście tysięcy studentów zasiadających pod otwartym niebem na kamiennych ławach tzw. Greckiego Teatru i reagujących „jak jeden mąż" wrogim krzykiem na przemówienie prezydenta Uniwersytetu, Clarka Kerra (liberała), uświadomiłem sobie, że aby coś z tego zrozumieć, należy zastosować miary z innego kraju i innego stulecia. Potęga zbiorowej emocji była nieproporcjonalna do błahych, racjonalnie rzecz biorąc, powodów niezadowolenia, i sama nazwa zawiązanej przez studentów konfederacji, Free Speech Movement, nic nie wyjaśniłaby europejskim studentom, istotom na ogół pomiatanym i korzystającym z niewielu praw. Było to wyładowanie zastępcze: władze uniwersyteckie występowały jako przedstawiciele władzy w ogóle. Zgromadzonych łączyła milcząco przyjęta, oczywista dla nich, przesłanka — że władza, wyłoniona przez zły porządek i chroniąca tego porządku, jest czystym złem. Czyż nie inteligencja rosyjska dziewiętnastego wieku? Za cień nawet takich poglądów, jakie w Ameryce są głoszone publicznie, wędrowało się w Rosji do więzień i na Sybir, rewolucyjni organizatorzy nie rozporządzali też *walkie-talkies*, narzędziem bardzo użytecznym podczas różnych masowych demonstracji. Niemniej, jeżeli za główną cechę inteligencji rosyjskiej uznamy przekonanie, że w imię zasad moralnych trzeba potępić „ich", tj. popleczników ustroju, i że jakiekolwiek reformy przez nich zalecane muszą być kłamstwem, bo nie leczy się czystego zła półśrodkami, podobieństwo jest wyraźne. Nie brak też odpowiednika kwestii chłopskiej — jest to kwestia murzyńska, z dodatkiem, uczuciowo przynajmniej bardzo wiążących, innych kwestii — Indian zepchniętych na jałowizny rezerwatów czy, w Kalifornii, meksykańskich robotników rolnych. Nie znaczy to, że historia się powtarza i że zawiązanie się podobnego jak w Rosji zakonu duchowego cierpiących musi spowodować podobne skutki. Okoliczności są inne, inne jest też „przyspieszenie historyczne", dobrobyt dla wszystkich słabo pociąga jako ideał, ponieważ był ideałem „ich". Poza tym odszczepieństwo od własnego państwa dokonuje się w kraju, gdzie państwo zawsze uchodziło za coś podejrzanego i gdzie anarchia odznaczała się zastanawiającą sprawnością w organizowaniu się „od dołu".

Większe ryby pożerały mniejsze ryby: koncentracja kapitału potwierdzała się na przykładzie prasy. Słabsze gazety ginęły, były przejmowane przez duże koncerny. Niespodzianką więc są sukcesy — dzięki długowłosym redaktorom, współpracownikom i nabywcom — „prasy podziemnej", tym różniącej się od jej europejskiej imienniczki, że sprzedaje się ją na rogach ulic. Jeden z takich licznych periodyków, „Berkeley Barb", jest dla mnie najdziwniejszą lekturą na świecie, mimo że zdarzało mi się znajdować w druku różne niesamowitości. Ilustruje zresztą to, co powiedziałem przed chwilą o braku wyraźnych rozgraniczeń pomiędzy wycofującą się bohemą i rewolucyjną inteligencją. Język, jakiego używa „Barb", byłby zapewne słabo zrozumiały dla osób znających tylko poprawną angielszczyznę, jest to język mówiony, narzecze środowiska w pełni rozwoju. W „Barb" czytałem mnóstwo artykułów o stanach mistycznej jedni z bóstwem, osiąganej przy pomocy „rozszerzających świadomość" narkotyków, łącznie z całym długim traktatem dowodzącym, że Jezus używał haszyszu; mnóstwo też artykułów o nowych zasadach zbiorowego życia, wynajdywanych i próbowanych przez *flower children*, o ich zgromadzeniach, liturgii, centrach wzajemnej pomocy itd. Zarazem pismo przeznaczone dla tych, którzy wśród nieludzkich maszyn chronią swoją wyspę łagodności, dobroci i braterstwa, w każdym numerze dawało kwadrans nienawiści. Jej przedmiotem były wszystkie władze, począwszy od brutalnej miejscowej policji, kończąc na Białym Domu, którego mieszkaniec, dzięki zjadliwym rysunkom i co najmniej niepochlebnym epitetom, przekształcał się w znak, w hieroglif zbrodni. Bardzo skutecznie przyczyniali się do kwadransów nienawiści młodzi Murzyni ze związku Czarnej Pantery, głosząc, że każdy „bielak" (*whitey*) jest, chce tego, czy nie chce, zbrodniarzem. Co do teoretycznych rozpraw o akcji rewolucyjnej, niczego takiego nie spodziewali się politycy. Sporo lat temu zostałem zaszczycony zaufaniem europejskich „sytuacjonistów", którzy przysłali mi pierwsze numery swego pisma, „Internationale Situationiste". Było to, kiedy jeszcze wywodzący się z tej samej międzynarodówki holenderscy „*provos*" nie narobili hałasu i kiedy jeszcze „sytuacjoniści" nie zaleli sadła za skórę całej Francji. Radykalne odrzucenie cywilizacji techniczno-przemysłowej, zarówno w wersji amerykańskiej jak rosyjskiej, hasło rewolucji całkowitej, która by wyzwoliła człowieka z alienacji, Marks, ale już nie Lenin — to także jest treść przeróżnych, często ze sobą sprzecznych, propozycji w „Barb". Plus uszczypliwości pod adresem myśli konserwatywnej, tj. komunistycznej, i kult romantycznych postaci: Fidel Castro, Che Guevara, Ho Chi Minh.

Cały ten chaos byłby jeszcze względnie swojski dla

kogoś jak ja, wychowanego w Europie, gdyby nie jeszcze jeden składnik, obcy tradycji rewolucyjnej europejskiej: seks. Współpracownicy „Barb" zdają się hołdować zasadzie, że „nie ma powszechnej rewolucji bez powszechnej kopulacji", jak powiada Markiz de Sade w sztuce Weissa *Marat/Sade*. Stąd poczesne miejsce udzielane propagandzie stowarzyszenia pod nazwą Liga Wolności Seksualnej, liczne opisy jego towarzyskich wieczorów, na które dostęp jest łatwy, pod warunkiem że zostawi się w przedpokoju całe ubranie, nie zachowując figowego listka, spory o filozoficzne znaczenie nagości, o nowy kodeks przyzwoitego zachowania. Zapamiętałem zwłaszcza artykuł zawierający skargę na męski egoizm. Autorka jego opowiadała, jak to u schyłku jednego z takich zebrań, gdzieś nad ranem, pani domu (naga) zeszła na dół i zwróciła się do kilkunastu (nagich) młodych ludzi, seksualnie już nasyconych i drzemiących na kanapach, z prośbą, żeby któryś z nich okazał życzliwość jeszcze jednej dziewczynie, która czeka na górze w sypialni. Żaden się nie ruszył: oto, co znaczy nie mieć nic z rycerstwa i galanterii. Są też w „Barb" stronice ogłoszeń, prawie wyłącznie dotyczących seksu. Niektóre zastanawiają swoją zwięzłością i rzeczowością (*Male wants a female*), a znaczny ich procent zachwala muskulaturę młodzieńców gotowych do usług, jak sami się pozwalają domyślać, za skromną opłatą. Gdzie jak gdzie, ale w „prasie podziemnej", a więc zdawałoby się mało przyjaznej sprawnemu organizowaniu kapitalistycznych przedsięwzięć, jest to dość zaskakujące, szczególnie że młodzi businesmeni przystępują do rzeczy, jakby założyli stację benzynową. Jednakże „prasa podziemna" musi przecie żyć i mieszając rewolucyjność z seksem natrafiła chyba na zbawczą formułę. Niektóre bogato wydawane, na drogim papierze, pisma szerokiego rynku, przymyślnie dozujące pornografię, literacką awangardowość i polityczną lewicową wściekłość, też zapożyczyły tego odkrycia. Kiedy już dwie Ameryki zaczynają w naszym umyśle nabierać jakichś wyraźniejszych konturów, znów wszystko jest pogmatwane i niejasne, skoro nie jesteśmy pewni, czy redaktorzy takich albo innych „Barbs" nie zakończą kariery jako uśmiechnięci kapłani Molocha.

25. Ewangeliczny wysłannik

Powoli, okólnie, zbliżam się do właściwego tematu mojej książki. Zanim jednak przystąpię do zbierania i wiązania rozproszonych wątków, niech pojawi się na moich stronicach „Holy Hubert". Od kilku lat ten nieduży, piegowaty człowieczek stoi co dzień na swoim posterunku przy wejściu na uniwersytecki campus w Berkeley. Jest ewangelistą, kaznodzieją, głosi naukę Jezusa. Niemal nigdy nie zdarza mi się go widzieć przemawiającego spokojnie. Zwykle miota się w rodzaju transu, czerwony, z nabrzmiałymi żyłami i kroplami potu na czole pokrytym łupieżem, wrzask jego nawoływań i piorunowań przeciwko grzechowi nie rozlega się daleko, bo chrypka załamuje mu głos w dławiący się falset. Jest tak znajomą częścią kolorowego jarmarku haseł, że prawie nikt przy nim się nie zatrzymuje i za słuchaczy ma nie więcej niż czterech-pięciu studentów, którzy przyglądają mu się z łagodnym uśmiechem i czasem zabawiają się w zadawanie pytań, jeżeli zapał jego słabnie i trzeba go na nowo podniecić. Jest postacią popularną, należy do miejscowego folkloru, podobnie jak gołogłowi zakonnicy w żółtych szatach śpiewający monotonnie swoje „Rama Kriszna, Kriszna Rama", i studenci darzą go życzliwością, jaką okazuje się nieszkodliwie pomieszanym.

Mimo pewnych rysów psychopatycznych Holy Hubert nie jest umysłowo chory, jakkolwiek zupełna bezużyteczność jego wytrwałej służby — bo wątpliwe, czy kiedykolwiek przekonał choćby jednego z tych młodych — mogłaby nasuwać takie podejrzenia. Pomyłka jego polega na tym, że zamiast zwracać się do mieszkańców małych miasteczek w Arkansas czy Kentucky, gdzie słuchano by go z respektem, postanowił zostać misjonarzem wśród ludzi, których sposób myślenia jest mu niedostępny, tak że obojętni na jego krzyki są również wierzący. Być może chce naśladować świętego Pawła krążącego w pogańskich Atenach, nie przyjmując do wiadomości żadnych historycznych zmian. Jest mimo woli przykładem starzenia się pewnych umysłowych formacji, które trwają równocześnie z innymi, świeższymi, i są jeszcze brane, np. w Arkansas, z całą powagą, podczas gdy gdzie indziej, np. w Berkeley, mają charakter parodii. Jeżeli tuż obok chodnika, na którym urzęduje Holy Hubert, na stopniach Sproul Hall, zaczynają przemawiać stronnicy Ho Chi Minha albo Murzyni ze związku Czarnej Pantery, gromadzi się tam natychmiast żarliwy, podniecony tłum, i już to jedno powinno by skłaniać Huberta do refleksji, choć oczywiście może to sobie wytłumaczyć po swojemu.

Absurdalność działań taka jak Huberta, z nadanym mu przez studentów żartobliwym przydomkiem „Holy", może zasługiwać na współczucie, choć nie jest on pozbawiony humoru i wyładowanie we wrzasku jest mu najwidoczniej potrzebne do zdrowia. Moim tematem, do jakiego zbliżam się okólnie, jest erozja, jakiej ulega pewna obyczajowo-umysłowa całość składająca się na styl życia czy *American way of life*. Hubert jest niejako delegatem tradycyjnej umysłowości wysłanym pomiędzy odstępców i grzeszników. Innym przykładem takich działań obronnych jest tocząca się w pobliżu campusu walka policji z marihuaną.

Charles Baudelaire opisując stany po zażyciu haszyszu w traktacie *Les Paradis Artificiels* przyczynił się do powstania nowej odmiany gadek o czarownicach i upiorach. Bohaterami tych gadek była artystyczna cyganeria przerażająca „filistrów" swoją gotowością do paktów z diabłem. Jeżeli dzieła literackie i malarskie tej cyganerii zostały wreszcie uznane za prekursorskie i włączone w „kulturę", całkiem inaczej działo się z jej obyczajami, uchodzącymi za osobliwość charakterystyczną dla pewnego, na zawsze minionego, okresu. W Europie mojej młodości, przejętej powagą politycznych przewrotów, nikt by nie uwierzył, że cyganeria, przez sam swój sposób życia, jest zapowiedzią masowych zjawisk o społecznym i politycznym znaczeniu i że przyjdzie czas, kiedy Baudelaire'ów — choć niekoniecznie utalentowanych — będzie się liczyć na setki tysięcy albo miliony. Czytelnicy powieści S. Ign. Witkiewicza o przyszłości myśleli, że coś jednak jest w jego proroctwach, nie tam jednak, gdzie przepowiadał wielką rolę narkotyków, co uważano za jego prywatne dziwactwo.

Logicznie rzecz biorąc, brak powodu, żeby nie skazywać na śmierć za palenie tytoniu i na długoletnie zamknięcie za picie alkoholu. Są to narkotyki niebezpieczne, jednakże, choć tytoń miał w niektórych krajach swoich powieszonych męczenników, srogie edykty przeciwko niemu poszły w zapomnienie, natomiast picie, po przegranej prohibicji w Ameryce, stało się rytuałem dowodzącym, że ktoś jest normalnym, porządnym, lojalnym obywatelem. Zważywszy, że *cannabis sativa* jest, w porównaniu z tytoniem i alkoholem, środkiem dość niewinnym, czyli wiele hałasu o nic, zaciętość, z jaką w ciągu wszystkich lat sześćdziesiątych policja ścigała marihuanę, miała cechy obsesyjne, podobnie jak ochrypła żarliwość Huberta. Przeszukiwanie kieszeni, kajdanki, wyroki więzienia można wyjaśnić tylko poczuciem zagrożenia przez „inne", i nie bez powodu. Wątpliwe jest, czy użytek marihuany tak by się rozpowszechniał, gdyby nie służyła ona za znak rozpoznawczy dla wszystkich, którzy kwestionują ład ustalony.

Politycznego potencjału marihuany nie myślę lekceważyć choćby dlatego, że tak jak jazz, przyszła z kultury podziemnej ludzi kolorowych. Murzyńscy aktywiści starają się tępić plagę getta, heroinę, ale marihuanę palą wszyscy. Zresztą policyjne zakazy przyczyniają się do zbliżenia Białych do Czarnych przez podobieństwo sytuacji: być przestępcą to znaczy patrzeć na społeczeństwo od dołu, od podziemia, tak jak patrzy Czarny, który wie, że dla policji jest już podejrzany z powodu koloru skóry.

Misyjny zapał Huberta. Niestety obserwując go, nie mogę pojąć, co nim porusza, jest dla mnie żywą lalką, a nieprzyjemnie tak myśleć o innym człowieku. Tyle że dzięki niemu mogę odgadnąć, jak dwie umysłowo-obyczajowe całości, stara i nowa, odnoszą się nawzajem do siebie. Gdyby to ode mnie zależało, wolałbym nie być zmuszonym pomiędzy nimi wybierać.

26. Czarni

„Tobie, Mickey Mouse Gubernatorze Reagan, powiem jedno: możesz mnie pocałować w moją czarną dupę".

Z odezwy Ministra Informacji Czarnych Panter, Eldridge Cleavera, Berkeley, październik 1968

„«Rewolucyjny poryw nie wystarczy», powiedział Carmichel na początku, «jeżeli nasza świadomość nie będzie na miarę naszego łotrostwa (badness)».

«Przeciwko czemu walczymy?» zapytał i odpowiedział: «przeciwko rasizmowi i kapitalizmowi, to jest imperializmowi, który jest najwyższą formą kapitalizmu».

[..]

«Rewolucja», powiedział, «nie zaczyna się, dopóki nie weźmie się władzy. Do tego czasu w walce robi się użytek z politycznych aliansów».

Opisał rewolucjonistę jako człowieka, który gotów jest zabić, żeby spowodować zmiany korzystne dla nas. «Nie ten, kto gotów jest umrzeć», dodał, «ten kto gotów jest umrzeć to zwyczajny głupiec! Masz wziąć rewolwer, żeby być rewolucjonistą!»"

Ze sprawozdania z wiecu Czarnych Panter w Oakland, „Barb", 30 VII/5 IX 1963

Nie jestem tak nierozsądny, żeby pisać o Czarnych, czyli współzawodniczyć z bardziej niż ja powołanymi, zajmującymi się dostatecznie tym przeklętym spadkiem kolonialnej Ameryki. Jeżeli jednak moim przedmiotem jest świadomość, ujawnienie się Czarnych, ich ciągła obecność w świadomości mojej i innych, tutaj należy. Obce, podrzędne, niemiłe, niezrozumiałe, to niewolniczo przymilne, to znów aroganckie i bezczelne, niepokojące, bo krzywdzone, zbyt poufałe, jeżeli nie krzywdzone, przybierało w Europie kształt dwunożnych istot ubranych w wypłowiałe szmaty i uprawiających pola albo służby wynurzającej się z kuchennych zakamarków z półmiskami. Była to przez stulecia strefa osobnego, zamkniętego w sobie bytu, jak byt drzew i kamieni. Jeżeli zagrażała, starano się w niej widzieć twarze wesołków, rozczulających prostaków, egzotycznie krzepkich i szczęśliwych siłaczy. Zanim uwyraźniła się jako ludzie, przez długi czas korzystała z nieco uczłowieczającego ją sentymentu i pobłażliwego humoru. Podobnie i Murzyni przeszli przez fazę, w której występowali na zewnątrz tylko jako proste, zacne dusze, błazny, tancerze i muzykanci.

Ich człowieczość zresztą nadal jest dla wielu wątpliwa. Ich wrodzone uzdolnienia do rytmu, do rytmu-ekstazy, wymagały rodzaju godności, który został im odmówiony. Są potomkami niewolników, a to piętnuje, nawet jeżeli nie całkiem prawdziwy jest powszechny w zachodniej Afryce pogląd na przyczynę niewolnictwa: według tego poglądu popaść w niewolę może tylko człowiek, którego opuściły duchy przodków. Cechy przypisywane ich rasie (choć przecie pochodzą z wielu zmieszanych ze sobą ras zbliżonych do siebie tylko ciemną barwą skóry) są przeważnie nabyte, w fornalskich czworakach na plantacji i w miejskich gettach. Stracili swoje języki, swoją przynależność plemienną, religię, wszystko. Nauczyli się czcić nowego Boga, Jezusa, ruchem całego ciała, tańcem oczekiwania na koniec świata, nie nauczyli się żadnego języka, zmieniając angielski w śmieszny dialekt, który ich wyróżnia i szereguje jak czarność. Wszystkie ich dążenia mają jedno na celu: odzyskać godność. Ale w swoim wyzwaniu i sprzeciwie są tak samo zależni od białych, jak byli w posłuszeństwie. Zaczarowano ich i przemieniono w niedorosłych, dając do wyboru albo rolę grzecznych sługusów, albo „badmanów", czyli łotrów, i kiedy wysilają się, żeby swoją krnąbrność wyjaskrawić obelgami i zapożyczonym od marksistów językiem, są tak samo w niewoli z góry przygotowanego dla nich kostiumu. Żyją przeciw, ruszają się przeciw, ubierają się przeciw, świadczący innym, nie sobie.

Ujawnienie się. Ale nie tylko ich. Ten kraj stoi nietrwałością, bezustannym burzeniem i budowaniem, gmachów, dróg, lotnisk, stadionów, jednak z wyjątkiem tych terenów, które są nierentowne, ma więc także mile nędznych baraków o szybkach łatanych tekturą albo popękanych, łuszczących się, smrodliwych ruder. Mieszkają tam ludzie i dlatego wskazane jest albo nie zapuszczać się wcale w te dzielnice, albo, skoro już musi się tamtędy przejeżdżać, jak najmniej myśleć i jak najmniej patrzeć. Udawało się to na ogół, ale tylko do chwili, kiedy pożary i regularne bitwy uliczne murzyńskich rebelii zaczęły zanadto przypominać o tamtej gorszej części. Nawet jednak strzelanina pozostałaby tylko okresowo powracającą plagą, groźbą czy „problemem", gdyby nie telewizja. Ruchomy obraz przeniósł do wnętrza milionów amerykańskich domostw nie tylko sceny gwałtu, także codzienną apatyczną nędzę mieszkańców getta i sezonowych robotników rolnych. Należy to do ogólnego przebiegu w skali planetarnej, do rozszerzania się świadomości poprzez oko, tego przebiegu, który, jak już powiedziałem, wzmaga neomanichejską zaciekłość moją i moich współczesnych. A ta druga, w sto lat po Wojnie Domowej, erupcja murzyńska, tym razem jako podmiotu, nie przedmiotu, prowadzi dalej. Bo w pewnym sensie Czarni są, na swoje nieszczęście, uprzywilejowani przez swoją różność i ich dola daje się sprowadzić do jakiegoś wspólnego mianownika, wytłumaczyć rasizmem ich białych współobywateli. W powszechnej nieprzejrzystości i płynności rozwarstwień oni jedni są proletariatem, który może wzajemnie się rozpoznać, połączyć się we wspólnej woli, choćby nawet ich walka z góry skazywała ich na kolejne porażki, ponieważ są nieznaczną mniejszością; zresztą postępująca automacja, przy ich obecnym braku wykształcenia, wyłącza ich z gospodarki jako najzupełniej zbytecznych. Baraki i rudery nie są jednak zamieszkiwane tylko przez nich. Są też strefy nędzy białych, ale nędzy milczącej, zawstydzonej, z zaciśniętymi ustami, dla każdego osobnej, jako jego tylko milcząca przegrana, nie jednoczącej się z inną nędzą we wspólnym żądaniu i obronie. Nędzy oczywiście poza Związkami Zawodowymi, poniżej, jeszcze bardziej niż zorganizowani robotnicy konserwatywnej, nieufnej, nienawidzącej obcych, a przede wszystkim Czarnych. I na świadomość budzoną przez telewizyjne obrazy napiera ta nędza, nie wiadomo, czy bardziej materialna, czy duchowa, jako sprężona gotowość do gwałtu i mordu, ale zawsze reakcyjnego, zawsze przeciwko zmianie.

Przed ekranem telewizji zadry i udręki sumienia i zwyczajna obawa i próby uczciwości wobec siebie. Bo wie się za wiele, żeby nie odgadywać, że szlachetna humanitarność i rozumne rozpoznanie równych praw dla wszystkich są rodzajem maski przyzwoitego człowieka wkładanej na swój własny użytek i na użytek innych. Naprawdę prawie nikt nie lubi Czarnych, i jest w tym może więcej niż stara niepewność osłabionego pana wobec silnego i zręcznego niewolnika. Wzorzec zachowania się, na pewno przyniesiony niegdyś z Wysp Brytyjskich, narzuca powściągliwość, rzeklibyśmy powściągliwość we wzajemnym dotyku, samotność, pracowitość, precyzję, odpowiedzialność, i nawet ci wszyscy młodzi, którzy buntują się przeciwko obyczajowi, nie zdają sobie sprawy, jak bardzo nimi włada i jak bardzo różnią się przez to np. od wiecznie ze sobą sczepionych, miłośnie-nienawistnie, Słowian. Jak więc przyjąć ten inny wzorzec, murzyński, zwierzęcego ciepła, ciągłego wzajemnego dotyku, natręctwa, niedbalstwa, lenistwa, lekkomyślności? W Kalifornii prawie każdy miał ich przez lata za kolegów w szkole, te istoty celujące tylko na sportowym boisku, poza tym niezdolne skorzystać z równych szans i dostać minimum dobrych stopni potrzebnych, żeby wejść do *college*'u, istoty przytupujące cały dzień w takt muzyki z trzymanego przy uchu tranzystora. „To nie oni winni, że są małpami": w tym powiedzeniu jest niechętna życzliwość, nadzieja, że małpami być przestaną, ale też nie więcej niż pobłażliwa, niesklonna do bratań się, tolerancja. Tym bardziej pobłażliwa, że w tejże szkole miało się za kolegów Japończyków i Chińczyków. Ci przechowali swój odrębny wzorzec, wschodnioazjatycki, skłaniający do trochę ubawionego podziwu: nadludzka niemal samodyscyplina, grzeczność, precyzja, przyciszona pracowitość i staranność.

Nienawistni. Nie można wkupić się we względy Czarnych, jeżeli ma się białą skórę, i nie mam zamiaru tego próbować. Mój pradziadek był właścicielem całego ich stada, rodzina nasza bogaciła się ich pracą, pozostał mi wyrzut sumienia, ale i pewne nawyki, które mogę usiłować w sobie wyplenić tylko popadając w fałsz, w sztuczność. Kto ma ochotę ciągle chodzić na szczudłach? Oczywiście, że powinni mieć równe prawa, poza tym niech sobie robią, co chcą, byle dalej ode mnie. To nieprawda, przyjechałem z Europy, nie ponoszę odpowiedzialności, ich sprawy po prostu niedostatecznie mnie obchodzą, bo ja: metafizyka, oni na to: czarność—białość, ja: polityka, oni na to: czarność—białość, ja: literatura, oni na to: czarność—białość, i tak w kółko*. Ale w jakimś sensie jest to i prawda — niejasna solidarność została mi narzucona dlatego, że wyglądam tak a nie inaczej, kule ich snajperów dla mnie są przygotowane. Ich obecność zatruwa mnie, jak zatruwa cały kraj, bo nie jest niczym innym niż odsłonięciem jego fundamentu, któremu na imię *violence*. Nie przemoc władcy ze swoimi oprycznikami partii, grupy, ale *violence* sąsiedzka, mężczyzn zbierających się w nocy i wyruszających przywracać porządek strzelbą i sznurem. Jestem „przyzwoitym białym", który zaleca piękne rzeczy w teorii, ale woli trzymać się z dala. Niestety ukrywam tylko w ten sposób konflikt już rzucający jednych białych

* W znanej anegdocie o słoniu, tak jak ją się opowiada w Ameryce, Polak nie figuruje — to Murzyn przedstawia na konkurs dzieło pt. „Słoń i sprawa murzyńska".

przeciwko innym białym, rozdarcie Ameryki, spór o to, co jest porządkiem, czy może nawet zachcianki, żeby wybrać się przeciwko komuś ze strzelbą i sznurem.

Polacy, Rosjanie, Niemcy, Żydzi, Algierczycy, Francuzi... Z gniewów, z urazów, z uniesień miłości i nienawiści zachowałem tylko jedno: przekonanie, że co ludzie mówią o ludziach, jest iluzją. Nikczemność zmienia się we wzniosłość, wzniosłość w nikczemność; z okrucieństwa poczyna się dobroć, z lekkomyślności powaga, z barbarzyństwa subtelność, z umiłowania ładu chaos, i nie ma tu żadnych trwałych granic, żadnych wyraźnych przedziałów. Człowiek z dodatkiem przymiotnika nie istnieje. Jest czystą potencjalnością. Ale wiedza o tym, choć dochodzi się do niej z trudem, jest sama w sobie bezużyteczna, bo nie wiem, jakie wyciągnąć z niej praktyczne wnioski.

27. O Henrym Millerze

Książki Henry Millera czytałem dawno, zaraz po wojnie, reagując tak, jak mi nakazywały moje przyzwyczajenia. Czy te przyzwyczajenia, których nie pozbyłem się dotychczas, są godne pochwały, czy też po prostu są przesądami pospolitymi tam, skąd pochodzę, nie wiem. Być może tylko przesądami, ale nie zamierzam ich ukrywać. Więc, po pierwsze, zauważam w sobie przesadny może szacunek dla literatury jako szyfru. To znaczy ręka pisarza nie jest według mnie całkowicie we władzy jego woli czy nawet ślepych namiętności, inna ręka ją trzyma i prowadzi po papierze tak, że czy jest tego świadomy, czy nie, jego dzieło, już przez sam sposób, w jaki wiązane są słowa i zdania, wystawia świadectwo miejscu i momentowi, służąc niedocieczonym przeznaczeniom. Świadectwo nie jest jednoznaczne i zmienia sens w zależności od tego, jak zmieniają się inne składniki tego kalejdoskopicznego układu, którego częścią staje się każdy zapis jednego ludzkiego głosu. Po drugie, romantycznym dziedzictwem tłumaczy się zapewne moje przeświadczenie, że gatunek ludzki, żyjący w swoim własnym, specyficznym wymiarze, tj. kumulowanym dzięki jego pamięci czasie, w każdej chwili ma pewne, zmieniające się, *optimum* wiedzy o sobie samym i że jakakolwiek wybitność, w filozofii, w sztuce, nie jest możliwa, jeżeli próbuje się ją zdobyć poniżej tego *optimum*. Nie oczekuję od pisarzy żadnych dowodów, że są obznajmieni z prądami, kierunkami itd., żadnych wymądrzań się, im mniej mają kulturalnego snobizmu, tym lepiej. Jednakże wydaje mi się niemal pewne, że umysł wyćwiczony różni się od nie wyćwiczonego jakościowo, nie ilościowo, i że aby tego dowieść, nie musi wcale wdawać się w szkolarskie dysputy. Jak również, że tradycyjne metody ćwiczenia umysłu są najlepsze, chociażby w ich karykaturalnej postaci, jak np. we francuskim *lycée* były tylko śmieszne.

Henry Miller, tak skrajny w przeciwstawianiu własnej osoby wszystkiemu, co nie jest nią, że i literaturę jako zespół odziedziczonych wzorów odrzucił, jedyny, niepowtarzalny, odprawiający nabożeństwo przed sobą, czyli przed obrazem samego siebie jako samca doskonałego (oni wszyscy, Whitman, Hart Crane, Ezra Pound, Hemingway pisali „pieśń o sobie samym") — ten Miller ukazał mi się niemal jako medium pod hipnozą. Medium wykrzywiające się, wstrząsane potężnym prądem, w gwałtowności swoich gestów i wulgarnego słownictwa, w potokach wyzwisk najwyraźniej natężone przeciwko jakiemuś wrogowi, choć z jego bełkotu nie można wywnioskować, kto albo co jest tym wrogiem. Wiek dwudziesty? Ameryka? New York? Maksym Gorki odwiedził New York przed I wojną światową i opisał go jak najbardziej nieprzychylnie w szkicu *Miasto Żółtego Diabła*. Żółtego Diabła, czyli złota. Ten satyryczny portret nie był przesadzony, zwłaszcza że Gorki utożsamiał się z ludźmi ubogimi, z masą imigrantów; dla nich życie w tym mieście, rozpaczliwie twarde, daleko odbiegało od naiwnych wyobrażeń, jakie mieli o Ameryce ich krewni w rodzinnych wioskach. Portret był jednak zbyt jednowymiarowy i jest dziś tylko zabytkiem, pozostałością tej krytyki kapitalizmu, która jakby przysięgła strzelać zawsze w bok od celu. Żółty Diabeł okazał się zdolny do cudów, jakich nie przewidywał Gorki, i z tego także powodu działalność wcale licznych na tym kontynencie socjalistycznych współwyznawców Gorkiego nie odniosła skutku. Wróg dręczący Millera w hipnotycznym śnie nie ma twarzy ani ciała, nie można go dosięgnąć, ugodzić, zranić, wymyka się nazwom i diagnozom. Może to być techniczna cywilizacja dwudziestego wieku, rzekomo ślepa ulica, w jaką zapędził nas niezdrowy aktywny umysł, albo społeczeństwo ludzkie w ogóle, albo Ameryka — kształty to zagęszczają się, to rozrzedzają, przepływają jedne w drugie. W każdym razie jest to Armaggedon, słychać nad nim trąby ostatecznego sądu. Poszczególny człowiek powinien bronić się, jak umie, pluciem, szyderstwem — jak to zrobił Miller, nadając nawet książce o swoich wędrówkach po Stanach tytuł *Air-conditioned Nightmare*, czyli *Koszmar klimatyzowany*.

Miller był jednym z pierwszych proroków wycofania się w wymiar ściśle osobisty, rzeklibyśmy seksualno-mistyczny, i jednym z pierwszych, którzy wycofali się również w codziennej praktyce z kręgu „zarabiać—wydawać" do prymitywnie urządzonej chaty w Big Sur. Czytając go dwadzieścia lat temu jako medium nienazwanych sił, nie postępowałem może głupio. Nie było wtedy jeszcze beatników, nie drukował Allen Ginsberg, którego histeryczny krzyk niewątpliwie z Millera przede wszystkim się wywodzi, nie było *hippies*. Jakikolwiek jest wpływ Millera (a niezbyt szeroki w zasięgu), nie on przecie spłodził te zastępy swoich pobratymców. Odezwały się tutaj te same siły, które wyrywały mu z ust nieprzystojne wyrazy.

Przy całym moim podziwie dla Millera — bo któż z nas nie marzy o pozbyciu się wewnętrznych kontroli, tak że można siadać do maszyny i wystukiwać na niej, co ślina na język przyniesie — nigdy mu nie ufałem. Jest coś takiego, co nazywa się humanistyczną tradycją, i nie umiem siebie przekonać, że wspomniane przeze mnie *optimum* osiąga się poza nią. Samouk Miller karmił się co prawda nie tylko tym, co dawała jałowa ziemia rodzinnego Manhattanu. Jak sam opowiada, wychował się na pismach Fryderyka Nietzsche. A później skorzystał niemało w swoich latach paryskich, jego pisarska technika nie tak znowu przecie samorodna, w znacznym stopniu wzięta od francuskiego poety i prozaika Blaise Cendrarsa. Ale Nietzsche to bunt humanisty, szkolarza znakomicie obkutego w naukach historycznych, w filologii, przeciwko martwiejącej myśli uniwersyteckich katedr. Podobnie rozmach i nonszalancja

Cendrarsa (którego życiowa awanturniczość też mogła Millerowi imponować) miały za tło rutynę francuskich gramatyków i retorów, pokazywał im język i mimo to, chociażby przez swój sprzeciw, był z nimi złączony mnóstwem więzów. Z europejskimi autorami, zwłaszcza z Nietzschem, kiedy rzucają się na nich Amerykanie, dzieje się coś niepokojącego. Znika ich igranie sprzecznościami, pewien rys ukrytego pod zaciekłością humoru, który daje tylko wyobraźnia historyczna, natomiast wydobyte zostają pierwiastki dające się pogodzić z ideałem „człowieka naturalnego", w istocie człowieka nauk przyrodniczych. Nietzsche, nieszczęsny Lucyfer, dumny i czysty, znalazł w Millerze wcielenie plebejskie. Jak ktoś powiedział, fornikacja jest liryczną poezją ludu. Żadnej dobrej nowiny, żadnej *gaia scienza* Miller ludzkości, skazanej według niego na postępujący chaos, nonsens i wreszcie zagładę, nie przynosił. I cała operacja, jaką stosował, żeby sytuację człowieka w jednym miejscu i czasie podać za sytuację człowieka w ogóle, była zbyt przejrzysta, przynajmniej dla kogoś, kto, jak ja, był sam kiedyś katastrofistą i następnie oglądał na własne oczy spełnianie się najbardziej smętnych przepowiedni, co jednak nie tylko nie oznaczało końca świata, ale nawet otwierało niespodziewane widoki na ludzką zdolność do kolejnych odrodzeń.

Przygięcie umysłu przez szkolarskie formuły, tak że onieśmielony, zahukany, nie ufa już sobie, jest na pewno plagą, i wulkaniczny bełkot Millera nie troszczącego się o żadne autorytety porywa, fascynuje. Jakby Marsjanin natrafił na dzieła ziemskich nauk i sztuk: olśniewające nieraz swoją świeżością sądy. Ale to przede wszystkim wielki pisarski talent maskuje niedowarzoną mieszaninę w głowie. Z Millerem rozmawiałem tylko raz, w Paryżu, był to rok bodaj 1952. Nie podobała mi się jego łapczywość na przepowiednie o końcu świata. Zresztą do stosunków z nim nie miałem szczęścia. Obiecałem mu w 1948 r., że odwiedzę go w Big Sur, wynikły przeszkody, nie odwiedziłem. Potem, w Paryżu, obiecałem mu znaleźć rzadką książeczkę zawierającą przepowiednię katastrofy ludzkiego gatunku, *La Clef de l'Apocalypse* Oskara Miłosza, której szukał po księgarniach Quartier Latin. Nie znalazłem jej, zapomniałem o obietnicy, miałem wtedy za dużo własnych kłopotów. Wszystko to wytknął mi uszczypliwie Miller w swoich memuarach, pisząc o mnie ze zwykłym sobie brakiem precyzji, nazywając mnie autorem grubej powieści, która zyskała rozgłos. Powody tej pamiętliwości nie są trudne do odgadnięcia. Miller żądał uwielbienia absolutnego, nie lubił tych, u których wyczuwał opór, i nie spełnione obietnice były dla niego, zresztą może słusznie, przenośnią wyrażającą odmowę hołdu.

28. Ja, motor, ziemia

Dotychczas, na tak wielu stronicach, przygotowywałem się może tylko do swego przedsięwzięcia i, zanim napiszę ostatnich parę rozdziałów, powinienem wprowadzić w rzecz samą krótki traktat o samochodzie. Nie o samochodzie jako motorze, skrzynce biegów, szybkości itd. ani o samochodzie jako wehikule służącym do komunikacji po mieście i do podmiejskich wycieczek. O samochodzie jako szczególnym narzędziu ustanawiającym stosunek ja—kontynent czy ja—świat. Nie da się tego wytłumaczyć odwołując się do podobieństw z europejskimi przyzwyczajeniami. Raz chyba tylko, jadąc z Florencji do Rzymu przez pustkowia Campagnii Rzymskiej, czułem w Europie coś jak aluzję do tej sprzężonej trójcy: ja, motor, ziemia. Ale i tam zmierzałem dokądś, i tam była docelowość; co innego, kiedy posuwamy się przed siebie w pustce ustawicznej, od czasu do czasu zaludnionej, niekiedy wypiętrzającej się w miasta. Jeżeli cel nie wydziela się dostatecznie z tego, co go otacza, dążenie do niego jest mocne tylko jako wynik decyzji powziętej z mapą w ręku, ale nie oczekuje się zmiany i podróż równa się trwaniu w ruchu, przy czym nie jest pewne, czy to my się poruszamy, czy, nieruchomi, jesteśmy świadkami ruchu przestrzeni wypunktowanej identycznymi stacjami benzynowymi, stacjami restauracyjnej obsługi i motelami. Miasta: taśma *freeway*u przenosi nas ponad symetrią ich pociętego w prostokąty obszaru, albo są tylko przeszkodą, bo zmuszają do zmniejszenia szybkości i przystawań na światłach. Podróż odbywa się w środku maszyny, z nią tylko w intymnym kontakcie, mierzona strzałką szybkościomierza i pełznącymi cyframi przebytych mil, natomiast to, co jest na zewnątrz, miga, ukazuje się i znika, srebrnawe, odrealnione, ekran. Być może pasażerowie dalekobieżnych ekspresów i samolotów też są tak samo od rzeczywistości oddzieleni, ale ich bierność została przyjęta z góry, wpisana w kontrakt-bilet. Posiadacz samochodu jest czynno-bierny, ze stałym pragnieniem czynności, czynności innej niż trzymanie koła, i ciągle na nowo wtrącany w bierność. Na pustyniach południowej Kalifornii i Arizony sama myśl, żeby zatrzymać się gdzie indziej niż w miejscach, gdzie można nabrać benzyny i zjeść, wydaje się absurdalna, bo po co, skoro widzi się co trzeba przez szybę? Nie znajdzie się tam nic poza karłowatą, kolczastą roślinnością. Także iglasty las w Sierras, choć podnieca zielenią i cieniem, zaraz, po paru krokach, odbiera zamiarowi spaceru zasadność piarżyskiem, głazem, niedostępną plątaniną. Ale nasza czynno-bierność zaznacza się też wobec ludzi. Mijamy ich zajętych swoją codzienną pracą, zanurzonych w swoich domach i miasteczkach. Zatrzymując się, obcujemy z nimi, w sklepie, w restauracji, w motelu, inaczej niż to przydarzało się podróżnym używającym wielbłąda, konia albo dyliżansu. Nie prowadzą nas pod swoje namioty, nie wydają uczt na cześć gości przez to cennych, że rzadkich. Zdawkowy rytuał przywitań i pożegnań, tak gładki, że jesteśmy razem jak kamyki zaokrąglone przez potok, oddala nas od nich, ale tym bardziej ich oczy, usta, ruchy niepokoją nas swoją zagadkową wsobnością, nawiedzają nas bez ustanku jako przedmioty refleksji widza gapiącego się w zadumie na innoplanetarną czy międzyplanetarną ludzkość.

Ja — oni. Podstawowe przeciwstawienie, samo sedno naszego ludzkiego losu, niekiedy przyćmione, często ostre. Ja, Europejczyk, oni, Amerykanie? Jednak jestem tutaj z tego samego powodu co oni, dlatego, że w Europie było źle, i nie myślę o tym zapominać. Wiele mnie od nich różni, z pewnością. Nie udziela się dość uwagi tej prostej prawdzie, że przeciętni ludzie mają za mało czasu, żeby przyswajać sobie poglądy i obyczaje inne niż te, jakie są właściwe ich najwęższemu środowisku. Ich horyzont jest taki, jak zakreśla go krzywizna ziemskiej powierzchni, kiedy stoją na progu swego domu. Jeżeli podróżują, noszą go wszędzie ze sobą. To nie to, że podróżowałem. W dzieciństwie nauczono mnie jednej, zupełnie odmiennej cywilizacji, następnie uczyłem się cywilizacji innych, nie z książek, nie tylko z książek, pięcioma zmysłami. Ale ja, tak przygotowany samochodowy turysta, nie porównuję bynajmniej: „u nas w Europie, tu w Ameryce". „Ja i oni" znaczy dla mnie po prostu: ja i ludzie, którzy żyją w tym samym czasie co ja. I właściwie mój traktat o samochodzie powinien by nosić tytuł: „Co zrobić z człowiekiem?"

Ileż to razy w miasteczkach, co są jak obozy koczowników, tak nietrwałe, tak prowizoryczne są ich ściany z malowanej dykty i neony, mówiłem: „żyć tutaj to straszne". A jeżeli znalazłszy się w miasteczku Desert Center na samym południu Kalifornii odniosłem się do niego z pewnym uznaniem, to dlatego tylko, że nazywa się odpowiednio, choć co prawda, nie wiadomo, czy pustynia może mieć środek albo ośrodek. To lepsze niż Eureka, Alcybiades, Syracuse, prawie tak dobre jak Malheur National Forest. Właśnie w Desert Center, kiedy nienagannie ubrana, uczesana kelnerka przygotowywała hamburgery, uwyraźniła się, nabrała kształtu moja przykrość niezasłużonej wyższości. Bo i ją, i wszystkich tutaj uważałem za umysłowo okaleczonych, niestety słusznie, o czym przekonuje najprostszy rachunek. Godziny spędzane co dzień na pracy nie tylko nie pozwalają przełamać myślowych nawyków, utrwalają nawyki. Wszystko polega na poddaniu się pewnej normie na użytek masowy, oni mogą brać to jedynie, co jest im dane, od *lipstick*u i deodorantów do magazynów w kolorowych okładkach i telewizji, tym bogatszej w brutalność i bardziej kretyńskiej, im dalej od wielkich miast. Wolność wyboru maleje proporcjonalnie do ilości mil na naszym liczniku. Statystyki handlu książkami wyprowadzają przeciętną dla całego kraju, co jest mylące, skoro w przeróżnych Desert Centers nie upatrzyć księgarni. Lokalne gazety podają „fakty", ale ktoś, bez innego, gdzie indziej uzyskanego, wtajemniczenia, nie potrafi ustalić pomiędzy nimi sensownego związku. A jednak ten ląd to przede wszystkim takie miasteczka, ich to obywatele głosują na sprytnych, choć najczęściej mało rozgarniętych polityków.

Prowincjonalni *yokels* i *morons* są znienawidzeni przez brodatych i długowłosych, co jest obopólne. Przepisowa i normalna zdawkowość obcowania zaczyna zgrzytać, jeżeli samochodowy turysta nosi brodę, oznakę obyczajowej i politycznej inności, natomiast zmienia się niemal w serdeczność, jeżeli jest i ogolony, i nosi kowbojski kapelusz. Nie myślałem, że raz jeszcze będę musiał powtarzać doświadczenia i moje, i wielu europejskich pokoleń. Gdyż w Europie, a już zwłaszcza Wschodniej, jeszcze w erze romantyzmu wynaleziono podział na szlachetne czyste duchy marzące o przemianie człowieka w istotę anielską i na pospolitych zjadaczy chleba, zwanych często po prostu świniami. Odtąd stale już rozlegały się krzyki zrozpaczonych, poetów, rewolucjonistów, protestujących przeciwko życiu bez głębszego uzasadnienia. Przynależność do inteligencji wyraźnie odcinała od „mas", które albo uważano za nieuleczalnie apatyczne, albo starano się poderwać do czynu. Stopniowo przestano łączyć nadzieje z burżuazją, następnie z chłopstwem, zatrzymując uwagę na proletariacie, jako że jego dola zdawała się czynić z niego wcieloną ideę uniwersalnego dialektycznego rozumu. Młoda poezja amerykańska jest przeważnie gniewna, niemało też miejsca zajmują w niej opisy podróży samochodem przez kraj wrogi: wrogi, ponieważ świadomość osądza tutaj nieświadomość. Przypomina to żale rosyjskich poetów przerażonych Rosją niepiśmiennego i zabobonnego chłopstwa. Nie ma jednak bosych, nie ma niepiśmiennych, nie ma chłopstwa, zatarły się kategorie burżuazji i proletariatu, z wyjątkiem proletariatu napiętnowanego innym kolorem skóry.

O co chodzi nienawistnym, prometejskim i romantycznym młodym Amerykanom, rozumiem. Moja francuska znajoma, paryska intelektualistka, przejechawszy kontynent od brzegu do brzegu, tak streściła swoje obserwacje: „Boże, jakie nieszczęście”. Nie musiała mi tłumaczyć, co chce przez to powiedzieć. I ja, i ona zakładamy bowiem, że człowiek jest potencjalnością i że źle, jeżeli ta jego potencjalność jest zahamowana, do tego stopnia, że nawet język, w jakim mógłby wyrazić swoje dążenie, jest mu odjęty, zastąpiony przez spłycający i fałszujący język masowych środków przekazu. Nie znika jednak dotkliwe poczucie jakiegoś braku i człowiek cierpi nie uświadamiając sobie dlaczego. Poza jego pozorną, nieautentyczną egzystencją przebłyskuje niekiedy zarys nieosiągalnej egzystencji prawdziwej. I tak jak w filmie *Bonnie and Clyde*, zepchnięte, skarlałe dążenie wybucha od czasu do czasu w ślepej agresji. Nieszczęście, o jakim mówiła moja znajoma, to może nic innego niż nieumiejętność skargi. Żadnych narzekań, żadnego litowania się nad sobą, co jest, po prostu jest. Na powierzchni przynajmniej znakomite.

Czyli że „ja i oni” to nic innego niż „intelektualista”, jakikolwiek, amerykański, francuski, wschodnioeuropejski, bynajmniej nie rzadki klejnot, bo dzisiaj jest już tłumem, postawiony wobec ludzi schwytanych przez siłę inercji. W mojej wczesnej młodości przeżycie wstydliwe, jakby osobistej, mnie tylko właściwej, skazy, skłaniające i do dumnego odosobnienia, i do przyswajania haseł politycznej lewicy, teraz jakże uznane. Jednakże nie jestem dziś, kim byłem, i choć potrafię nieraz utożsamiać się z moimi pobratymcami dzieląc ich gniewy, trochę nie dowierzam ich zapalczywym anatemom.

Sacramento, duże miasto czy też tylko jeden z Desert Centers rozciągający się na wiele mil kwadratowych, jak kto woli, mało mnie pociąga, z pewnością nie chciałbym tam mieszkać. Tam to pewien student, młody głuptas, zapytał mnie, czym różni się życie w Sacramento od życia w obozie koncentracyjnym. Wypadało go zapewnić łagodnie, że bardzo się różni, łagodnie, ponieważ perswazja i tak musi pozostać bez skutku, jeżeli dla kogoś ukłucie się szpilką jest tym samym co łoże tortur. Młody głuptas nigdy nie umierał z głodu, co dzień się kąpał, ubrany był w całkiem ładne szmatki, jeździł starym, ale własnym samochodem, mógł wypożyczać z biblioteki pisma Lenina i Mao Tse-tunga, więc zapomniał, co w hierarchii ludzkich potrzeb jest pierwsze. Zapomniał też, skąd się wziął tutaj. Nudne, ale schludne domki, ulice wysadzane palmami, trawniki mają dla niego ciężar rzeczy istniejących z samych siebie. Nawet jeżeli czasem wyobraża sobie tę część gorącej doliny pomiędzy pagórkowatym brzegiem oceanu i podnóżem Sierras w jej dawnej niewinności, sprzed lat stu dwudziestu mniej więcej, kiedy stał tutaj samiuteńki fort Johanna Augusta Suttera, to tylko po to, żeby pogardliwie się wykrzywiać: też warto było!

Ale treścią samochodowych wędrówek po Ameryce jest przede wszystkim ciągły podziw dla człowieka i litość. Ogrom tego kontynentu, jego skalne spiętrzenia, jego piaski, jego dna wyschniętych słonych jezior, cała jego wroga uroda po dniu jazdy zostawiają nieco zażenowany triumf. Bo ja przecie mogłem być tym mężczyzną, tą kobietą, którzy przebywali — w ile dni czy tygodni? — zobaczone przeze mnie skały i pustynie, idąc obok wozu zaprzężonego w woły albo jadąc konno. Wartość czegokolwiek na ziemi mierzy się ostatecznie oporem. Pierwotna, nietknięta Natura — to śliczne, ale nie dla kogoś, kto kona z pragnienia albo wlecze, podpierając się kijem, złamaną nogę. Choć widzę, nie mogę uwierzyć, że ludzie potrafili geologicznego potwora ujarzmić i oswoić, pętając jego ciało sznurami szos, i jakich szos. Motel w dzikim krajobrazie bazaltowych bloków i żółtych traw ma czystą pościel, wygodne łóżko, łazienkę z ciepłą wodą. Kelnerka, chłopak na stacji benzynowej, w osiedlu, dokoła którego obszar wielkości Szwajcarii czy Holandii jest zamieszkały przez grzechotniki i kojoty, są tak standardowi jak ich koledzy w metropoliach. A jeżeli nie można było tego osiągnąć inaczej niż kosztem ich umysłów? Komu chciałoby się robić, co robią, i tkwić, gdzie tkwią? Nie mnie. Ale oni przecież trudzą się za mnie i dla mnie.

A nawet jeszcze jeden aspekt samochodowych wędrówek gotów jestem przyjąć niemal z wyrozumiałością: widok, jak człowiek niszczy przyrodę. Od podboju do zniszczenia? Gdzie, kiedy należy wykrzyknąć: stop, już dosyć? Północno-zachodnia Kalifornia jeszcze niedawno była dziewiczym krasnoborem, puszczą najstarszych i największych drzew na świecie. Dzisiaj o uratowanie resztek konserwacjoniści toczą wojny z *logging companies*, wojny niezbyt udane, dlatego po prostu, że drewno z jednego tylko takiego olbrzyma wystarcza jako budulec na dwadzieścia domów. Miłośnik lasu, odwracam oczy od ohydnych potrzaskanych rumowisk na tych górskich stokach, którędy przeszła piła. Zburzona ekologiczna równowaga, ten las nigdy już nie odrośnie. Czy to też ma być koszt? Żeby ludzie pracowali i zarabiali w tartakach i żeby dokoła tartaków zbudowano coś, co na mapach nazywa się miastem Arcata? Brzegi Zatoki San Francisco były niegdyś zacienione, w jej wodach Indianin polował na ptactwo maskując głowę zielenią, podpływając do stada i chwytając kaczkę albo dziką gęś za nogi. Teraz nadzieja zysku nakazuje zasypywać brzegi odpadkami, żeby poszerzać grunt nadający się do zabudowy, fabryczne ścieki zatruwają wodę. Czy jest to nierozumne i nieuniknione, czy nierozumne i do uniknięcia? Jak łatwo spostrzec, samochód pomnaża pytania, bo daje nam wszechobecność.

29. O cnocie

„Apellata est enim ex viro virtus; viri autem propria maxime est fortitudo".

(„Od vir, *mężczyzna, pochodzi nazwa cnoty; mężczyznę natomiast najbardziej znamionuje dzielność".)*

Cycero

Cnota, *virtus*, jest to siła charakteru, z której biorą się zalety niezbędne, aby stawić czoło światu — odwaga, stanowczość, wytrwałość, panowanie nad ciągle zmiennymi emocjami i odruchami. Gdybym miał do Natury stosunek sentymentalny, odnosiłbym się z mniejszym szacunkiem do cnoty, przynajmniej w tym znaczeniu. Ponieważ Natura nie jest kochającą matką, ale niszczy nas i zabija bez skrupułów, jeżeli znajdziemy się wobec niej bez broni i narzędzi, cnotę należy poważać, gdyż tylko ona pozwala skutecznie używać broni i narzędzi. *Fortitudo*, o jakiej mówi Cycero, może rezydować w złych i dobrych, mądrych i głupich. Przejawia się w sytuacji zastanej, niezależnej od naszej woli, i nakazuje zachować się w niej tak a nie inaczej. Tam, gdzie walka z Naturą narzuciła ludziom konieczność organizacji, a tym samym podział na wydających rozkazy i wypełniających rozkazy, uciskających i uciskanych, pan nie może obyć się bez cnoty pod groza utracenia swojej pozycji pana, niewolnik jest zmuszony do cnoty przez to, że chce przeżyć i pana przechytrzyć. Historia ludzkości zdumiewa nieskończonymi przykładami cnoty utrzymującej przy życiu społeczeństwa, państwa, cywilizacje, cnoty wodzów i żołnierzy, oprawców i torturowanych, świętych i zbrodniarzy, kapitanów i załóg, właścicieli i najemników. Nikt nie potrafi odmówić siły charakteru Dżyngis-chanowi i jego wodzom, ani rycerzom Corteza i Pisarra, ani kapitalistom-ascetom równie dręczącym siebie jak innych, ani pokoleniom chłopów utrzymujących rodziny z ciężkiej pracy na małym poletku. Istota ludzka zasługuje na podziw dlatego, że tak dużo cierpi i mimo to jest tak nieustraszona. A jeżeli, na złe czy dobre, nasza planeta jest ujarzmiona przez technikę, nie nastąpiło to prawdopodobnie mocą jakichś bezosobowych, koniecznych praw rozwoju, ale dzięki cnocie grup, plemion, klas, których samodyscyplina stworzyła odpowiednie warunki.

Cnota, jak dotychczas, musiała ćwiczyć się w okolicznościach walki z przyrodą i walki pomiędzy ludźmi, w której przegrywających spotyka zagłada. Gdyby nie zdolność do samodyscypliny i wyrzeczenia, konflikty rzucające ludzi przeciw ludziom nie byłyby tak bezlitosne. Największe pobojowiska naszego stulecia — pod Verdun i na równinach Rosji w II wojnie światowej — pozostają świadectwem niewiarogodnego męstwa najbardziej przeciętnych, najbardziej anonimowych mieszkańców wiosek i miast, ubranych w mundury francuskiej i niemieckiej, niemieckiej i rosyjskiej piechoty. Ale ci sami rolnicy, robotnicy, sprzedawcy sklepowi, buchalterzy również w czasach pokoju składali dowody swoich zalet, codziennie idąc do pracy, zatwierdzając prawo: „kto nie pracuje, niech nie je". Ich też ręce zrobiły armaty, karabiny maszynowe, tanki, pociski, którymi zabijać się mieli wzajemnie.

Przeciwko cnocie można wytoczyć argumenty. Bo sprzyja ona posłuszeństwu i jest czynnikiem ładu, jakikolwiek jest ten ład, wspaniały czy nikczemny. Nie byli jej pozbawieni heretycy, odszczepieńcy i rewolucjoniści, ale na ogół niezbyt dobrze współżyje ona z niepokojem umysłu i ruchliwą wyobraźnią. Umysł, zawsze nieco sceptyczny, podszeptuje różne wątpliwości co do małego celu, ku któremu w danej chwili powinny być zwrócone wszystkie nasze dążenia, wyobraźnia przerzuca pomost od teraz do następnej godziny czy następnego dnia, co nie jest zdrowe. Być może cnota ma upodobania konserwatywne albo reakcyjne. Pewien polski krytyk zarzucił Józefowi Conradowi, że gloryfikuje w swoich morskich powieściach heroizm załogi okrętu. Marynarze jego nie wahają się złożyć ofiary ze swego życia, byle wykonać, co powinno być wykonane, i nie zastanawiają się, czemu służą ich wysiłki. Okręt jest jednak własnością armatorów, którzy wysłali go na morze z ładunkiem towaru po to, żeby zagarnąć zysk. Józef Conrad jest więc, okólnie, obrońcą ustalonego porządku, tj. kapitalizmu. Wywodowi temu nie brak logiki, zwłaszcza że nędza niższych klas społecznych w conradowskiej Anglii była rzeczywiście potworna. Co prawda nie jest to logika zbyt wybredna. Jakikolwiek jest ustrój, musi on odwoływać się do cnoty swoich robotników, marynarzy i żołnierzy albo przestaje istnieć. Gdyby w krajach zwanych socjalistycznymi robotnicy, marynarze i żołnierze uzależniali wykonywanie swoich obowiązków od miłości do państwowej gospodarki, żaden z nich nie kiwnąłby nawet palcem. Wywód krytyka zdaje się znaczyć po prostu, że cnota u ludzi zatrudnionych w moim przedsiębiorstwie jest godna pochwały, natomiast godna potępienia u ludzi mego konkurenta i przeciwnika.

Nie ulega jednak wątpliwości, że pisarz, którego obchodzi przede wszystkim męska *fortitudo* jego bohaterów, pozostaje mniej czy bardziej nieczuły na rewolucyjne hasła. Praktykowanie cnoty jest trudne, wymaga dużego napięcia woli, toteż nienawiść do przełożonych, kpiny z nich i z celów, jakie sobie stawiają, namowy do buntu są odrzucane jako warcholstwo, anarchia, jako słabość, jako pokusy, które trzeba pokonać, jeżeli się nie chce uchybić obowiązkowi. Cnotliwi nie kwestionują. Kimkolwiek jest ich kapitan, wódz, monarcha, spełnią, co do nich należy, bo tak trzeba. Nie znaczy to, że są tylko robotami. Zachowują się tak, a nie inaczej, ponieważ inni, im podobni, są obok i wobec nich muszą być wierni, z nimi solidarni. Tej solidarności można też nadać imię konformizmu.

Stany Zjednoczone są krajem cnoty. Dzięki niej powstały, dzięki niej uzyskały techniczną potęgę. Solidarność kolonistów okazała się silniejsza niż lojalność wobec angielskiego monarchy — tutaj wypada zastanowić się, kiedy i jak cnota, choć w zasadzie nieprzychylna szemraniom i wywrotowym zgryźliwościom, oddaje się, poza pewnym progiem, w służbę rewolucji. Choć nie były to proste decyzje i wielki hart ducha znajdujemy po obu stronach w Wojnie Niepodległościowej, tak jak później, w wyjątkowo krwawej jak na wiek dziewiętnasty, Wojnie Domowej. Ale przecie cały rozwój Ameryki to pogoń każdego za zyskiem, kult złotego cielca, władza dolara? Zapewne, czyż jednak pieniądz nie stanowi ilościowej miary w pojedynku człowieka z człowiekiem i czyż nie uznano empirycznie, że „lepszy człowiek wygrywa"; lepszy to znaczy odważniejszy, sprawniejszy, wytrwalszy, bardziej pracowity? A przede wszystkim bardziej zdolny do represji własnych chwilowych zachcianek, lęków, marzeń, zwątpień, tęsknot? Otóż cnota, niestety, zdaje się polegać w pierwszym rzędzie na represji i wyrzeczeniu. Chciałbym leżeć na słońcu, ale wstaję i idę, bo muszę. Boję się, ale zakazuję sobie strachu. Nie wierzę w sens wykonywanych przeze mnie czynności, ale zabraniam sobie nie wierzyć. Dosyć mam mordęgi, teraz odpocznę, nie, bo z góry wyznaczyłem sobie godzinę czy rok, kiedy będzie mi to wolno.

Represja: w imię zaspokojenia jutro tego, co odczuwam jako moją potrzebę, odmawiać sobie zaspokojenia potrzeby dzisiaj. Taką również formę przybiera cnota. Czyli zamiast cieszyć się dniem wolnym od pracy, wpadam na pomysł, że ten dzień poświęcę na wykucie narzędzia, które jutro uczyni moją pracę lżejszą. Następnego dnia wpadam na pomysł, że warto poświęcić wiele wolnych dni na zbudowanie narzędzia, które pozwoli wykuwać inne narzędzia w krótszym czasie. I tak dalej. Przypowieść o ludzkości produkującej maszyny, które produkują inne maszyny, które produkują inne maszyny. Albo, odnosząc to do indywidualnego losu, przypowieść o kimś, kto harował dziesiątki lat, tłumił wszelkie swoje potrzeby, odkładając pieniądze, żeby wreszcie kiedyś „użyć życia" — i spostrzega, że za późno, bo nie ma już żadnych pragnień. Czy też, wracając do literatury o morzu — która zawsze pokazuje załogę, miniaturę społeczeństwa, wobec żywiołu wyobrażającego kosmos — powieść Hermana Melville *Moby Dick* o kapitanie Ahabie opętanym pogonią, bez odpoczynku, bez wytchnienia, za białym wielorybem. Być może Ahab był *mente captus*. Ale cnotę, represyjną wobec samego siebie i innych, miał najwyższego gatunku.

Technika jest skondensowaną, utrwaloną w dotykalnych kształtach cnotą. I choć można sobie wyobrazić postęp techniki w świecie powszechnego braterstwa, łagodności i pokoju, nic takiego dotychczas się nie zdarzyło, jakikolwiek nazwiemy wynalazek, urzeczywistniał się on w warunkach jawnie czy półjawnie działającej siły przymusu, wyzysku, na słabość były nałożone surowe sankcje. Podwójne, dobroczynne i złowrogie, oblicze techniki ma swój odpowiednik w podwójnym obliczu cnoty, która jest pomocnicą śmierci. Dlatego po prostu, że warchołów i sceptyków nie lubi. Jeden z najbardziej cnotliwych narodów, naród niemiecki, powołał do władzy obłąkańca groźniejszego niż kapitan Ahab, bo dowodzącego nie okrętem, ale państwem, i był mu posłuszny aż do końca, do ostatecznej katastrofy.

Cnota amerykańska, przede wszystkim prowincjonalnej Ameryki, żywi się naiwnością, niewiedzą czy zwyczajną tępotą. Przebieg każdych niemal wyborów nasuwa przypuszczenie, że nie ma takiego bezsensu, który by nie mógł być użyty jako przynęta, byle był dostatecznie swojski, tj. nie nosił znamion importu zza morza. W czym tylko lekkomyślność nie dopatrzyłaby się zalążków zniszczenia — całego kraju przez nową wojnę domową albo całej ziemi. Protest innej, już wielomilionowej Ameryki przybiera postać nienawiści do cnoty. Bo ona to nakazuje włączyć się w „szczurzy wyścig", brać, co jest dane, wykonywać, działać, dążyć, dostosowywać się do obyczajów sąsiada. Zanegować cnotę należy więc przeciwstawiając pracowitości lenistwo, purytańskiej represji popędów ich natychmiastowe zaspokojenie, jutru dzisiaj, alkoholowi marihuanę, powściągliwości w okazywaniu uczuć nie wstydzącą się uczuciowość, izolacji jednostek gromadność, kalkulacji beztroskę, trzeźwości ekstazę, rasizmowi melanż ras, posłuszeństwu polityczną rebelię, sztywnej powadze poezję, muzykę i taniec. W tle jest zawsze obecne przekonanie, że zaszliśmy za daleko, czyli cnota zaprowadziła nas za daleko, stąd gotowość do rozbijania maszyn, tych strażników domu niewoli. Pośród wielu ingrediencji buntu najsilniejszą chyba jest marzenie o powrocie. Honorowany jest człowiek pierwotny, bez cywilizacyjnej represji, nie wstydzący się swoich instynktów, złączony rytmami swego ciała z rytmami Natury. Nikt poza Ameryką nie uświadamia też sobie, jak mocno na samą treść rewolucyjnej ewangelii wpłynął religijny podziw dla przyrody i obsesyjne poczucie winy z powodu jej przemysłowo--komercjalnego zatrucia, skażenia.

Trzej pisarze amerykańscy zawarli w swoich dziełach, rzeklibyśmy, na wyrost, wszystkie problemy nękające ich następców. Byli to Thoreau, Whitman i Melville. Kiedy postępowi i cywilizacji zachodniej składano hołdy, Melville nie wierzył w dobroczynne skutki przemysłu i handlu. Kiedy chrześcijaństwu świadczono szczery albo nieszczery respekt, Melville chrześcijaństwo odrzucał. Narrator *Moby Dicka* jest umieszczony pomiędzy kapitanem Ahabem, w którym złączyły się w jedno cnota i szaleństwo chrześcijańskiego zachodniego człowieka, i Polinezyjczykiem Queequegiem. Temu ostatniemu przypada (pośmiertnie) zwycięstwo. Poganinowi nie troszczącemu się o dzień następny, żyjącemu w wiecznym teraz, pozbawionemu ambicji, żeby dowieść swojej wartości, tutaj czy za grobem, czyli wolnemu od jakichkolwiek bodźców do samorepresji.

Queequeg zresztą to dla Melville'a inny rodzaj *fortitudo* niż cnota białych ludzi. Roztopienie się (orientalne) jednostki w kosmicznym nurcie powszechnych, krążących koliście przemian życia w śmierć i śmierci w życie, tak że wszystko jest zaakceptowane, a czyny dokonują się niejako bezosobowo, przez uległość wobec wielkiego rytmu.

Cnota w sensie zachodnim nie tylko wystawiona jest na zjadliwości dzisiejszych naśladowców Queequega. Ulega też erozji od wewnątrz. Bo ostatecznie potrzebuje ona pewnego zespołu konwencjonalnych wierzeń, które zapewniają jej bezpieczeństwo od wywrotowych podszeptów umysłu i wyobraźni. Literatura i film zaznajomiły nas dostatecznie z „załamaniem się" czcigodnego obywatela, który zawsze spełniał, czego po nim oczekiwano, pracował od—do, zarabiał i nagle — nieraz wskutek spotkania kobiety demona — odkrywa nicość, absurd swoich przyzwyczajeń. Taką postać wynaleźli mściwi, niechętni cnocie literaci. Ale może się zdarzyć, że „załamanie się", choć w odmianie nieco mniej gwałtownej, nie ogranicza się do wypadków indywidualnych. Ukryte więdnięcie chrześcijaństwa i napór reklamowych mitów, przede wszystkim mitu seksualnego, czyli mitu Wysp Szczęśliwych, na których, co naturalne, to dobre, nie mogą nie osłabiać purytańskich powściągów. Reklamowe mity są w sobie sprzeczne. Wytwarzają potrzeby, tak żeby zachęcać do bezustannego, wymagającego samorepresji wyścigu. Zarazem przez swoją filozofię przeciwną pojęciu Grzechu Pierworodnego odbierają zasadność dyscyplinie i dzień dzisiejszy wynoszą ponad doczesne czy pośmiertne jutro.

Wszystko tu jest niepewne i nikt nie potrafi wymierzyć zasięgu erozji ani zbadać, czym różni się cnota dzisiaj od cnoty sto lat temu. Bo bywałem przecie na świętach powiatowych, jak na przykład w Oregonie, w miasteczku Myrtle Point, Coos County. W tej rolniczej dolinie, nie bardzo tak znowu wiejskiej, skoro w powietrzu jest sporo dymu tartaków i papierni, zmienne wiary i przekonania zostają całkiem gładko wchłonięte przez powtarzające się od pokoleń normalne życie. Więc parada na głównej ulicy, sztandar kraju, śliczne konie szeryfa i jego ludzi, siodła ozdobne, wysadzane srebrem. Orkiestra na ciężarówce, przyprawione komiczne nosy, tyrolskie kapelusze. *Pom--pom girls* od lat szesnastu do sześciu, te najmniejsze z wysiłkiem, nieporadnie manewrują pałeczką, wysuwając języki. Platformy z boginiami obfitości przedstawiające Progress albo błogosławieństwa Pomony. Kluby, zrzeszenia, loże. Loża Świątyni Orientu: sklepikarze przebrani za wschodnich królów, w szerokich jedwabnych szarawarach, turbanach, pantoflach z zagiętymi szpicami, namalowane wąsy, sztuczne brody, dmą w piszczałki, biją w bębny. Znów piękne konie, jadą na nich latorośle farmerskich rodzin, chłopcy i dziewczęta długonogie, wąskie, wyprostowane w strzemionach, stroje coraz to inne, bo teraz to jeden ich klub, Caballeros, zaraz River Rangers, za nimi Coos Rangers, czy jak się tam zwą. Samochody kandydatów na lokalne urzędy, na posłów do stanowego parlamentu: „głosujcie na". Smok wyciągający co chwila szyję i plujący dymem, reklama firmy buldożerów. *Trucks* wiozące każdy po jednym ściętym drzewie o średnicy ponad metr — to szoferzy, którzy zdobyli pierwsze miejsca na zawodowym konkursie zrozumiałym w tej tartacznej okolicy. Dużo królowych piękności — królowe hodowców melonów, rybaków, powiatowe, miasteczkowe. Posyłają całusy i uśmiechy. Niektóre w strojach indiańskich *squaws*. Idzie nawet jeden prawdziwy Indianin, prowadząc zaprzęg psów owczarków. Następnie ogląda się doroczną wystawę: stoiska krów, koni, owiec, świń, domowego ptactwa, wstążki pierwszej, drugiej nagrody, wyróżnienia.

Taka jest przeciętność, powtarzająca się w mnóstwie miasteczek i powiatów kraju. Dla rewolucjonisty jest to nie więcej niż nudne i płaskie bytowanie *yokels*, czyli prowincjonalnych chamów. Ja natomiast i bawię się znakomicie na powiatowym święcie, i pochwalam. Tym się różnimy, że wszelkie ramy umożliwiające codzienną praktykę cnoty są dla mnie bardzo kruche, łatwo je zniszczyć, jak sam mogłem się przekonać obserwując z bliska ideologicznie zaplanowane ustroje. Cnota: mieć lat trzynaście, zrywać się co dzień o świcie, żeby karmić, poić, czyścić swojego konia, byczka, barana, uczyć się wszystkiego, co może zapewnić zwycięstwo na konkursie hodowli. Długowłosy rewolucjonista, najczęściej wychowany w dużym mieście, w dość zamożnej rodzinie, nic nie wie o tym, że kilka lekkomyślnych edyktów wystarczy, żeby doprowadzić rolnictwo do upadku i biografiom farmerskich dzieci nadać zupełnie inny bieg, niekoniecznie lepszy.

A zresztą jest zupełnie prawdopodobne, że powoli odbywa się właśnie wielka przemiana i że cnoty będzie coraz mniej, po prostu dlatego, że mniejsza ilość cnotliwych zapewni sprawne funkcjonowanie społecznej całości. Jeżeli maszyny są cnotą w materii utrwaloną, potrafią zastąpić wysiłek ludzkiej woli, a ich cybernetyczne mózgi nie będą nawet musiały zwalczać nie istniejących w metalowych sercach emocji. Z wyjątkiem względnie nielicznych zarządców reszta obywateli będzie uwolniona od dolegliwości i triumfów, jakie daje *fortitudo*. Co prawda nie należy wykluczać jeszcze jednego wariantu: przewrotna Historia, aby zahamować ludzkość w zbyt szybkim postępie, może udzielić swego chwilowego poparcia ustrojom uwielbiającym gospodarcze niedołęstwo, niedostatek i gorączkową pracę wszystkich od rana do wieczora, z mizernymi wynikami.

30. O tańcu śmierci i nierówności ludzi

Taniec śmierci był popularnym tematem malarzy późnego Średniowiecza i niekiedy Baroku. W tańcu tym za śmiercią-wodzirejem posuwali się przedstawiciele wszystkich stanów i zawodów, a także różnych faz życia, od dzieci do starców. Wobec rzeczy ostatecznej niewolni chłopi i żebracy równi byli papieżom, biskupom, królom i książętom. Co bynajmniej nie oznaczało, że ktokolwiek, poza zwolennikami rewolucyjno-religijnych plebejskich herezji, kwestionował nierówność ludzi w ich doczesnej pielgrzymce, nierówność po prostu z tytułu ich urodzenia się chłopem, mieszczaninem, szlachcicem. Później jednak, kiedy powszechnie uznano, że ludzie są równi, teoretyczne przyjęcie tego hasła nie było równoznaczne z przeżyciem aż do głębi jego treści. Przywilej pieniężny jednych, upośledzenie innych, choć niby wszyscy podlegali tej samej opiece prawa, wznosił przegrody tym silniejsze, że zawstydzające. Mogę to sprawdzić na własnym przykładzie, bo nie ulega wątpliwości, że jestem dzieckiem przywileju w sensie już nowoczesnym. Moi rodzice cenili wykształcenie, więc posłali mnie do szkoły, ale nie na tym koniec, bo w szkole korzystałem z ułatwień, jakich nie miało wielu moich kolegów. Oswojony byłem z mnóstwem wyrazów i pojęć nie znanych chłopcom z robotniczych albo chłopskich rodzin i bez trudu nauczyłem się wysławiać poprawnie w mowie i piśmie. Taki zasób wyniesiony z domu jest ważny, jak mogłem zauważyć i później, kiedy moi synowie chodzili do szkoły w jednym z najbardziej konserwatywnych krajów, Francji, gdzie dzieci w wieku lat jedenastu są klasyfikowane: jedne idą do liceum, czyli są od razu przeznaczone do górnej warstwy, inne przygotowują się do „niższych" zarobkowych zajęć. Powtarzając pierwsze zdania czytanki o *nos ancêtres les Gaulois* moi synowie, nie mający jako żywo ani kropli krwi galijskiej, nie umieli po francusku. Bardzo szybko jednak przewyższyli w umiejętności posługiwania się tym językiem swoich kolegów w szkole elementarnej, przeważnie synów robotników i drobnych sklepikarzy, ich powołanie do licealnej kariery zostało więc przez nauczycieli natychmiast uznane. Poza wrodzonymi zdolnościami niemało znaczyły tutaj książki w domu i trzy języki, polski, angielski, francuski, w jakich mówiło się z przyjaciółmi.

Skończyłem studia średnie i wyższe, co zresztą nie ratuje od niewoli. Stany uprzywilejowane nie znały niegdyś troski o chleb powszedni, tak daleko jednak ochrona zapewniana przez wykształcenie nie sięga. Przeróżne dyplomy oswabadzają od pracy fizycznej na roli albo w fabryce, nie oswabadzają na ogół od ośmiu godzin za biurkiem, kreślarskim stołem czy w laboratorium. Doświadczyłem więc, z niechęcią, rozdwojenia życia na czas sprzedawany i czas ocalony, ten pierwszy nierzeczywisty, nudny, uciążliwy, ten drugi rzeczywisty, ciekawy, bogaty — co jest przeważnie iluzją, bo zmęczenie nie pozwala zrobić z niego użytku. Nic bardziej poważnego, bardziej elementarnego niż to rozdwojenie i dla większości ludzi konieczność sprzedaży swego czasu jest klęską, którą przyjmuje się z rezygnacją, jak przyjmuje się śmierć, bo cóż można na to poradzić. Moja biografia układała się pod tym względem dość wyjątkowo. Miałem dużo szczęścia, pomagał mi mój upór, poza tym przeróżne historyczne okoliczności coraz to wysadzały mnie z siodła. Okresy mojej niewoli i dostatku były krótkie, długie natomiast były okresy zupełnej wolności i ubóstwa. Zarabiałem pisząc, ale przeważnie to, co mi się spodobało i kiedy się spodobało. I nawet ubóstwo nie było ani zbyt dokuczliwe, ani permanentne, bo książki przynosiły mi jednak pieniądze. Dziś jestem najzupełniej pozbawiony żalu do losu, i nawet zastanawiając się długo, nie mogę znaleźć żadnej lepszej kondycji niż ta, jaką zdobyłem. Od wielu lat jestem panem mego czasu, czyli moje życie nie jest rozdwojone. Nie chcę przez to powiedzieć, że nie pracuję zarobkowo. Jednak obowiązki profesora uniwersytetu, które dla wielu są ciężarem, dla mnie ciężarem nie są, przeciwnie, godziny spędzane ze studentami oznaczają dla mnie rozmowę, komunikację z bliźnimi, taką, do jakiej przecie też dąży się pisząc.

Ze swoich przywilejów zdaję sobie sprawę, a ponieważ jest wiele mądrości w maksymie: „byt określa świadomość" (pod warunkiem, że się tej maksymy nie upraszcza), dopuszczam myśl, że moja pozycja, wysoka, jeżeli nie przez bogactwo, to przez swobodę, może łagodzić mój gniew, ironię, sarkazm, do jakich nasza ziemia dostarcza aż za wielu powodów. Uprzywilejowani zawsze umieli tak się urządzać, żeby rozprawiając o podniosłych ideach nie wspominać o najprostszym: o tym, jak upływają ich dnie. Uczciwiej więc jest się przyznać, że upływają na tzw. kultywowaniu nauk i sztuk.

Czy poeci i filozofowie, żarliwie oznajmiający równość ludzi, naprawdę wierzyli, że równa im jest służąca, która podaje im kawę, piekarz, kierowca omnibusu, robotnik zakładu asenizacji miasta? Tym mniej, im poezja i filozofia tak się komplikowały, tak pogrążały w gąszcz wypracowanego przez siebie języka, że przestawały być dostępne nie tylko niepiśmiennym czy słabopiśmiennym, ale i nieźle wykształconym, jeżeli nie mieli potrzebnej zaprawy. Maluczcy, ubodzy duchem przeznaczeni byli do tego, żeby uprawiać pola, prowadzić pociągi i omnibusy, wypiekać chleb, sprzedawać w sklepach, ich równość oznaczała tylko prawo do godziwego zarobku i bezpieczeństwo od samowoli możnych czy państwa. Również wykształceni, jeżeli wybierali zabiegi o dobrobyt, nie wyższe, duchowe dążenia, szeregowani byli tak, jak na to zasłużyli. Miejsce dawnego arystokratycznego porządku zajmował nowy podział na kastę kapłanów, kastę kupców i wojowników, kastę wykonawców. Prawdziwe, dogłębne przeżycie prawdy o równości ludzi jest czymś rzadkim i trudnym. Zaczyna się być może od zrozumienia, że poezja i filozofia, choć używają zawiłych środków, nie są operacjami czystego intelektu w imię czystego intelektu, ale zajmują się Tańcem Śmierci, w którym uczestniczy każdy, są więc, przynajmniej potencjalnie, dla każdego. Dopiero wtedy ocenia się przełom, jakiego dokonał Karol Marks. Dla Marksa istniała jedna substancja ludzka podzielona mocą przymusów historii na tymczasowo-chwilowo-uporczywe postacie przedsiębiorcy, robotnika, inteligenta, chłopa. I dopiero od socjalizmu, przenikającego dziś wszędzie drogą osmozy, datuje się pełniejsze pojęcie równości.

Socjalista polski Jan Wacław Machajski, długoletni więzień carski na Syberii, był pierwszym, który wyraził obawy co do losów równości w przyszłym, porewolucyjnym społeczeństwie. Rozprawy jego, napisane po rosyjsku, złożyły się na książkę *Umstwiennyj raboczij*, wydaną w 1905 roku w Genewie pod pseudonimem A. Wolskiego*. Nie mniej zjadliwy niż jego towarzysze, zawodowi rewolucjoniści, jeżeli chodzi o ocenę całej historii ucisku i wyzysku, Machajski tym różnił się od nich, że zaprzeczał, jakoby ta surowa i okrutna władczyni mogła sama z siebie zmienić swoje obyczaje, czyli występował przeciwko „nieubłaganym prawom rozwoju", które doprowadzą rzekomo do społeczeństwa doskonałego. W ruchu rewolucyjnym dopatrywał się podstępu, do jakiego uciekała się, choć z dobrą wiarą, nowa kasta sięgająca po władzę: kasta pracowników umysłowych, niezadowolonych ze swojej zależności od kapitalistów. Jej celem było wywłaszczyć kapitał posługując się masami i następnie zagarnąć dla siebie zarząd gospodarką, po to żeby i masy czarnoroboczych zaprząc do pracy na użytek całości utożsamionej z rządzącą kastą. Machajski zalecał więc robotnikom nieufność do białokołnierzyko-

* Nowe jej rosyjskie wydanie ukazało się nakładem Inter-Language Literary Associates, New York—Baltimore 1968.

wych przywódców w okularach, doradzał spontaniczne organizowanie się od dołu i rewolucję bardziej radykalną, z przejęciem gospodarki we własne ręce.

Przepowiednie Machajskiego w ogólnych zarysach się sprawdziły. Jednak antydemokratyczna, hierarchiczna struktura społeczeństw rządzonych przez marksistów nie była dotychczas poddana takiej analizie, która by pozwoliła odpowiedzieć na pytanie, dlaczego tak się stało — tj. ile trzeba złożyć na karb błędnych czy nieświadomie podstępnych założeń doktryny, a ile na karb fatalności działających wtedy, kiedy własność środków produkcji przechodzi w ręce państwa. Interesy robotników są sprzeczne z interesami zarządców, ci natomiast monopolizują władzę i polityczną, i gospodarczą. Należałoby więc, jak chcą liczni w krajach wschodniej Europy buntownicy, odebrać władzę biurokratom i oddać ją robotniczym radom. Znaczyłoby to upolitycznienie przeciętnych obywateli w stopniu jak dotąd nie spotykanym, przewyższającym to, co wiemy o demokracji ateńskiej. Przeszkody po temu są znaczne, ale nie pochodzą, jak się zdaje, z braku zdolności robotników, ludzi już rozgarniętych i trzeźwo myślących, do popierania trudnych decyzji. Przeszkody są zapewne wpisane w samą technikę i produkcji, i rządzenia, która ze strony sprawujących kontrolę wymagałaby ciągłej czujności i niemal codziennego udziału w obradach. Niestety, jak wskazują doświadczenia naszych czasów, zbiorowy zarząd przedsiębiorstwem działa tylko w nielicznych wypadkach, bo energii i zainteresowań wystarcza ludziom nie dłużej niż na parę tygodni rewolucyjnego porywu, po czym zawodowcy, czyli biurokraci, przejmują uciążliwe obowiązki decyzji. Czy i jak można by było ich kontrolować, tak żeby bronili interesów robotników, nie interesów odgórnie kierowanego aparatu, pozostaje niewiadomą.

„Przyśpieszenie historyczne" jest faktem, niemniej jakieś olbrzymie wystąpienie z brzegów, powódź substancji ludzkiej już odczuwanej jako jedna, i to w skali całego ziemskiego globu, dopiero się zaczyna i nieprędko osiądzie ona w nowych łożyskach. Przemiany tych rozmiarów muszą odbywać się powoli — jeżeli mierzyć je czasem jednego ludzkiego życia, nie mam więc nadziei zobaczyć jako tako uładzonego świata. Musi mi wystarczyć, że byłem świadkiem nie znanego dotychczas rozbudzenia ludzkich aspiracji. Te aspiracje układają się w całą drabinę, popychają do wstępującego ruchu. W krajach uprzemysłowionych na najniższym szczeblu działa pęd do ucieczki ze wsi do miasta i następnie od pracy fizycznej do jakiejkolwiek innej, byle nie wymagała wysiłku mięśni. Ponieważ nie zawsze się to udaje, powszechne wykształcenie („umiem tyle co on, dlaczego więc on, nie ja?") przyczynia wiele goryczy i nienawiści. Ale i na nieco wyższym szczeblu goryczy i nienawiści bynajmniej nie brakuje, bo sprzedaż własnego czasu przestaje uchodzić za konieczność ludzkiej doli, stąd coraz więcej ochoty do zawodów „twórczych", łączących pracę i grę z nieuniknionym: „dlaczego on, nie ja?". Równocześnie większość ludzkości zamieszkującej kraje niedorozwinięte i ubogie (jak wiadomo kraje ubogie są coraz uboższe, bogate coraz bogatsze) ma inne zmartwienia. Śmierć z głodu jest tam codzienną realnością i praca zarobkowa, jakakolwiek, byle pozwalała śmierci z głodu uniknąć, jest nieczęsto spełnianym marzeniem. W aspiracjach znikomej części mieszkańców Ziemi jest więc jakaś nieprzyzwoitość.

Nie jest moją winą, że cokolwiek myślę o równości ludzi, przybiera już kształty bardzo amerykańskie. W Europie nadal zachował się po cichu ceniony wzór arystokratyczny. Jestem dostatecznie trzeźwy, żeby przyznać więcej zalet szkole średniej amerykańskiej niż francuskiemu liceum, choć jest ona przeważnie zła, a liceum francuskie przeważnie dobre. Do szkoły średniej w Ameryce mają dostęp wszyscy, nie tylko wybrani. Szanse nie są równe, bo np. Murzyn z getta musi przyswoić obce mu pojęcia i obyczaje, natomiast dla Indianina cywilizacja, w jaką próbują go wtłoczyć, jest i odrażająca, i wręcz niepojęta. Niemniej rygory selekcji stosowane nie w dzieciństwie, ale w wieku młodzieńczym, są już przez to samo lżejsze i wspaniałe kariery osobistości wywodzących się z najuboższych rodzin dotychczas nie są legendą. Prawie powszechne średnie wykształcenie, jakiekolwiek jest, wskazuje na zarysy przyszłości, tj. zaprasza do zastanawiania się, co nastąpi, kiedy czas pracy będzie dalej skracany i wreszcie znaczna ilość ludzi zostanie, przymusowo albo dobrowolnie, wyłączona z produkcyjnego procesu. Szkoły, uniwersytety, instytuty badawcze już są jednym z głównych miejsc, gdzie upływa czas obywateli, a znaczenie ich będzie tym większe w społeczeństwie poprzemysłowym, czyli takim, w którym przeciętny roczny dochód na głowę przekroczy 4000 dolarów, co — jeżeli mamy wierzyć raportowi Hermana Kahna (Hudson Institute) — około roku dwutysięcznego ma być udziałem Stanów Zjednoczonych, Japonii, Kanady i Szwecji.

Istnieje słowo prawie nigdy dzisiaj nie wymawiane, bo uchodzi za obrażające: nuda. Kto się zwyczajnie nudzi, nigdy do tego się nie przyzna, natomiast skwapliwie będzie chwytać się zapewnień, że jest alienowany, odtrącony, samotny, sfrustrowany itd. Jednakże nuda, znana też jako *taedium vitae* czy poznanie Mai, tj. bezsensowności wszystkiego, czy *mirowaja skorb'*, czy *mal du siècle*, jest potęgą i nie należy jej pojmować trywialnie. Na początku książki mówiłem o zaburzeniach w naszej wyobraźni spowodowanych przez chwiejność przestrzeni — i nuda stąd ostatecznie pochodzi. Przestrzeń bez ustanku modelowaną przez wyobraźnię można porównać do tkaniny namiotu, która jest albo napięta, albo rozluźniona i łopocąca na wietrze. Bóg, jako punkt centralny, do którego da się odnieść wszelką przestrzeń, napina tkaninę. W mniejszym zakresie podobną funkcję spełnia marzenie przerzucające nas z dziś w jutro. Wtedy przestrzeń, jaka nas otacza, choć mało ponętna, przepływa w przestrzeń upragnioną i napięcie powstaje z kontrastu — np. ja w mieście, które chciałbym zwiedzić, ja w samochodzie, jaki chciałbym mieć, albo ja w ustroju przyszłym możliwym do wprowadzenia. Jeżeli ani Bóg, ani dobra doczesne, ani projekt zbiorowy nie dostarczają kierunkowych napięć, przestrzeń jest bezwładna, bezkierunkowa, i także wkrótce bezbarwna. Dlatego też w literaturze nudy czy alienacji jedynym ratunkiem jest miłość: cała przestrzeń układa się wokół jednej osoby zastępującej Boga.

Tzw. głód wiedzy ma, jak się zdaje, skromne tylko zalety, jeżeli chodzi o zapobieganie nudzie. Nowa nierówność, jaka zaczyna się odsłaniać, nie polega na tym, że jedni są zdolni, inni tępi, jedni pracowici, inni leniwi, bo wszystkich można nauczyć czytać i pisać, i przepchać jako tako przez szkoły. Nierówność polega na tym, że tylko bardzo nieliczni potrafią żyć bez nudy. Samodzielna organizacja własnego, zupełnie wolnego czasu wymaga szczególnej żarliwości twórczej, która popycha do stawiania sobie celów i narzucenia sobie dyscypliny, tak żeby zbliżać się do tych celów dzień po dniu.

Być może nową erę ludzkości otwierają nie bronie atomowe i podróże międzyplanetarne, ale *psyhedelic drugs* jako zapowiedź masowych, demokratycznych środków przeciwko nudzie. Pokolenie, które zaczęło je stosować (zapożyczając wynalazku od meksykańskich Indian i od Czarnych), nie zasługuje na pogardliwe epitety i stoi o wiele wyżej niż np. złota młodzież amerykańska z „wesołych lat dwudziestych", chociaż kusi nas, żeby do jego dziwactw zastosować rosyjskie porzekadło: *s żiru biesiatsia*. Mamy tutaj do czynienia z pierwszą bodaj grupą ludzką wychowaną wśród wytworów techniki przyjętych jako zwyczajne, codzienne, czysto użytkowe, o słabej atrakcyjności ze względu na ich dużą ilość. Poza tym jako gorliwy niegdyś czytelnik magazynu „Mad", który był czytany w wieku szkolnym przez wszystkich do tego pokolenia należących, myślę, że to było niemało dostawać na co dzień końskie dawki okrutnego, surrealistycznego humoru, jakim posługuje się ta cywilizacja techniczna, żeby wyśmiewać samą siebie. Humor tego rodzaju był w Europie do niedawna tylko wewnętrznym kodem artystycznej bohemy. Podczas mego ostatniego pobytu we Francji, w 1967 roku, z ciekawością śledziłem przygody pisma na pewno wzorowanego na „Mad", pod nazwą „Harakiri", z podtytułem: „Journal bête et méchant", od czasu do czasu konfiskowanego za obrazę ludzkich uczuć. I wreszcie trzeba dodać, że pokolenie, o jakim mowa, to pokolenie telewizyjne, ze wszystkimi konsekwencjami, znacznymi, nawet jeżeli zostawia się na boku zbyt dowolne i na ogół błędne wnioski McLuhana. Pokolenie także pop-artu, czyli sztuki trudnej do pojęcia bez podwójnego, ambiwalentnego stosunku do telewizyjnej reklamy.

Postaram się jak najprościej wyjaśnić, jak przedstawiam sobie sens psychedelicznych wypraw. Jest to moim zdaniem próba zwaloryzowania przestrzeni aktualnej, po to żeby móc obyć się bez przestrzeni intencjonalnej. Brzmi to zawile, ale nie chcę nikogo przestraszać. Przez aktualną przestrzeń rozumiem tę, która otacza mnie w danej chwili i którą odbieram pięcioma zmysłami. Przez intencjonalną przestrzeń rozumiem tę, która przebywa w mojej wyobraźni i wzywa, żeby do niej dążyć. Może to być Bóg (zawsze, ze względu na samą naturę naszego umysłu, chwytany w sieć przestrzennych odniesień) albo Biały Wieloryb kapitana Ahaba, albo cel zbiorowości w historii (platońska republika, ustrój bardziej sprawiedliwy, narodowe wyzwolenie itd). Prawdopodobnie przestrzeń aktualna tylko wtedy ma pełny walor, kiedy poruszamy się w niej docelowo (napięta tkanina). Jednakże chemiczne środki mogą tak zmienić nasz odbiór pięcioma zmysłami, że przestrzeń, jaka nas otacza, staje się pełna, nieskończenie bogata, samowystarczalna, i samo przebywanie w jej środku równa się przebywaniu na łonie Bóstwa, przy czym następuje od dawna wymarzona przez artystów synestezja, tj. przekład obrazów na dźwięki, dźwięków na obrazy. Muzyka buduje wtedy w przestrzeni całe gmachy, wysoce interesujące rzeczy dzieją się na stole pomiędzy popielniczką i szklanką, barwy dosłownie „dźwięczą". Dla człowieka prawdziwie religijnego (co zakłada pewną zdolność do przeżyć mistycznych i nie powinno być mieszane z przynależnością do wyznań) taka mniej więcej jest najzwyczajniejsza rzeczywistość, w każdej chwili podtrzymywana, prześwietlona obecnością Bóstwa. „Otwarte wrota percepcji" dają surogat stanów mistycznych, choć Bóg transcendentny zostaje zastąpiony przez Boga immanentnego, tożsamego ze światem. W istocie chemia działa tutaj przeciw tradycji judeochrześcijańskiej, na rzecz tradycji orientalnej.

Wpływ tej magicznej kuracji jest wieloznaczny. Obnaża: zakazy, nakazy, cnota, cokolwiek, co jest społecznie przepisane, nabiera wyglądu szmat, jakimi przeciętni niewolnicy „szczurzego wyścigu" próbują przykryć niepokojący, niekomunikowalny rdzeń istnienia. Korzysta na tym rebelia, jednakże nie do-celowa, ale anarchiczna, od-celowa. Równocześnie w psychodelicznych obrzędach uwyraźniają się jakieś groźne zarysy jutra. Wystarczyło trzech dziesiątków lat, żeby *Nowy wspaniały świat* (1932) Aldousa Huxleya przestał być książką o przyszłości. Paradoksalnie, Huxley pod koniec życia popierał chemiczne odpowiedniki peyotlu (misjonarska akcja Tymoteusza Leary) ze względu na ich dobroczynne skutki dla ludzi starych, bo łagodzą one strach umierania. Nieco wcześniej niż powieść Huxleya, *Nienasycenie* (1930) St. Ign. Witkiewicza przyniosło opis stanów po zażyciu pigułki Murti-Binga, który prawie dosłownie można zastosować do LSD. W *Nienasyceniu* pigułka ta, zobojętniając na więzi społeczne i dolegliwości historii, ułatwia Chińczykom podbój Europy. Wprawdzie wątpliwe jest, czy misjonarze chemiczno-mistycznej ewangelii są dyskretnie finansowani dzisiaj przez Chińczyków, którym powinno zależeć na osłabieniu cnoty w Ameryce. Niemniej otwierają się tutaj przed politykami wszelkich kolorów i wszelkich ideologii niezwykłe perspektywy.

Równość ludzi będzie w pełni osiągnięta, ale może to być równość poddanych. Zapewni się im błogostan, ale pod warunkiem, że nie będą wtrącać się do rządzenia. Udoskonalone chemiczne preparaty pozwolą każdemu żyć na co dzień w środku przestrzeni boskiej. Inne natomiast preparaty, potęgujące zdolność do przyswajania wiedzy i do operacji logicznych, będą dostępne tylko dla starannie wybranych nielicznych członków kasty administratorów.

Takie gładkie rachuby psuje jak na razie krzywda, nędza, głód, nie zaspokojona aspiracja większości śmiertelnych. Jest głupawy komizm w fotografii, jaką znalazłem niedawno w gazecie: młodego Amerykanina w Nepalu, długowłosego, ubranego na modłę wschodnią, otacza kilkunastu krótko ostrzyżonych, po europejsku ubranych miejscowych chłopaków, którzy z niego kpią. Gdyby nawet bardzo chciał, nie umiałby im wytłumaczyć, że upragnione przez nich motocykle i samochody są iluzją, zasłoną Mai.

31. Rozdział, w którym autor przyznaje się, że jest po stronie ludzi w braku czegoś lepszego

Zapytywano mnie nieraz, dlaczego, będąc poetą i mając wyraźne powołanie, zajmuję się głupstwami, tj. piszę o rzeczach, które nie mogą być ujęte inaczej niż w sposób doraźny, obcy jakiejkolwiek precyzji. Sam sobie to wyrzucam i pocieszam się, że nie napisałem dotychczas panegiryku na cześć któregoś ze współczesnych mężów stanu, choć zużywałem nieraz czas na zajęcia nie mniej może zbędne. Ale to, co teraz robię, nie jest bez pożytku, przynajmniej dla mnie. Sprawdzam, co kryje się za moją skłonnością do ześlizgiwania się w tematy społeczne.

Świat, istnienie można pojmować jako tragedię, niestety nie jest to już nasza specjalność. Tragedia jest poważna, hieratyczna, natomiast dosięga nas dzisiaj w każdej chwili spotworniały humor, groteskowa zbrodnia, makabryczna cnota. Ponure błazenady, w jakich, chcąc nie chcąc, wszyscy braliśmy udział, skoro błazenady te były Historią przez wielkie H, nakazywałyby posypać sobie głowę popiołem i płakać jak Hiob — cóż, kiedy Hiob trząsł się równocześnie ze śmiechu i nad swoim losem, i losem innych. Każde też otwarcie telewizji, każda wzięta do ręki gazeta wywołują uczucia litości i grozy, ale litości szyderczej i grozy szyderczej. Nie jestem wyjątkiem, kiedy współczując z ofiarami terroru nie mogę opanować twarzy targanej sarkastycznym skurczem, jak na przykład kiedy się dowiedziałem, że policja pewnego totalitarnego państwa dokonywała aresztowań przebrawszy się za lekarzy i pielęgniarzy, i przemalowawszy policyjne wozy na karetki pogotowia z czerwonym krzyżem. Aresztowanych bito do nieprzytomności, po czym rzekomi pielęgniarze wynosili ich na noszach. Jak wiele razy już zauważono, rzeczywistość wykroczyła swoją koszmarną niekongruencją poza najśmielsze fantazje satyryków. Cały styl mojego stulecia stara się dotrzymać kroku przygnębiającej i śmiesznej ohydzie. Jest to, w rysunkach, w malowidłach, w teatrze, w poezji, styl absurdu, gorzkiej, zajadłej drwiny z samych siebie, z kondycji ludzkiej.

Wszystko w tym stylu się łączy. Samotność człowieka we wszechświecie, wydziedziczenie jego wyobraźni z przestrzeni odniesionej do Boga; dosięgające nas bez ustanku obrazy tego, co się dzieje na powierzchni całej planety; neomanichejska nienawiść do materii; prometejskie wyzwanie w imię cierpień ludzi, ale bez adresata, zwrócone w nicość. Dlatego też, ze względu na tę mieszaninę składników, jest to styl ambiwalentny i każdą niemal treść, jaką przekazuje, można z równą słusznością interpretować albo jako metafizyczną rozpacz, albo jako przekleństwo rzucone na ludzi znęcających się nad ludźmi, czyli na złe społeczeństwo.

Nie lubię absurdu i nie chcę mu się kłaniać posługując się stylem absurdu, nawet jeżeli mnie zapewniają, że ten styl pochodzi z protestu. W czarnym wisielczym humorze jest za dużo przyznania się do zupełnej bezsilności, kpina z dawien dawna była jedynym odwetem poniżonych, uciemiężonych, niewolników. Choć wrażliwość dzisiejsza jest tak starta, że jeżeli nie podniecamy jej przy pomocy chwytów z Grand Guignolu, nasz głos nie jest prawie przez nikogo słyszany, pogarda dla mody chroniła mnie na ogół od ustępstw. Możliwe, że potrzeba ładu jest u mnie wyjątkowo duża, że w moich gustach jestem klasykiem czy też, że mam nawyki grzecznego, naiwnego chłopca, co tłumaczyłoby się moim katolickim wychowaniem. Myślę jednak, że w tej potrzebie ładu, w niechęci do odpowiadania na absurd potępieńczym grymasem jestem bardzo przeciętny, tyle że mniej niż inni wstydzę się wymagań mego serca.

Nie lubię stylu absurdu, ale nie lubię też porządku naturalnego, który jest uległością wobec ślepego musu, wobec siły ciążenia, przeciwsensem obrażającym mój umysł. Jako istota cielesna należę do tego porządku, ale bez zgody. I z zimną krwią twierdzę, że choć nasza wyobraźnia nie umie dać sobie dzisiaj rady z podziałem istnienia na trzy strefy: Nieba, Ziemi i Piekła, jest to podział nieunikniony. Człowiek jest w sobie sprzeczny, ponieważ przebywa pomiędzy. To, co niektórzy katolicy, chcąc wkupić się w łaski niewierzących, opowiadają o dobroci świata, uważam za bajkę. Zgadzam się natomiast z Simone Weil, kiedy mówi, że tytuł Księcia Tego Świata nie darmo nosi diabeł. Z pewnością, matematyczna konieczność przyczyn i skutków rządząca materią nie upoważnia nas do rzucania wyzwisk pod adresem Boga czy jakiegoś X oznaczającego samą zasadę bytu. Jeżeli potrafimy na chwilę wziąć w nawias nasze człowieczeństwo i zapomnieć o ludzkich miarach, musimy uznać, że świat nie jest ani dobry, ani zły, że takie kategorie nie stosują się do życia motyli czy krabów. Co innego jednak, kiedy odwołujemy się do naszych, tylko naszych pośród wszystkiego, co żyje, żądań. Wtedy obojętny determinizm nabiera rysów diabelskich i mamy prawo odgadywać, że Bóg wydzierżawił wszechświat diabłu, który w Księdze Hioba jest jednym z synów Jehowy. „Wojna nasza, którą wiedziemy z szatanem, światem i ciałem", nie jest wymysłem hiszpańskich mistyków i toczy się zarówno wewnątrz nas jak pomiędzy nami i otaczającą nas obojętną koniecznością. Ja, podwójny w tym stopniu, w jakim jestem pobratymcem motyli i krabów, jestem sługą Ducha Ziemi, który nie jest dobry. Gdyby nie było człowieka, nie byłoby diabła, ponieważ porządek naturalny nie byłby przez nikogo zaprzeczony. Skoro jest zaprzeczony, jego władca, Szatan czy Duch Ziemi, czy demiurg przyrody występuje do boju o ludzką duszę z tym, co w człowieku jest boskie. I tylko przymierze z Bogiem pozwala człowiekowi wydobywać się, czy raczej próbować wydobywać się, z sieci niezmiennych prawideł obowiązujących stworzenie.

W ocenie życia, które składa się przeważnie z bólu i strachu przed śmiercią, jestem więc otwarcie pesymistyczny i wydaje mi się, że za doskonale szczęśliwego powinien uważać się człowiek, któremu udało się przeżyć dzień bez fizycznych cierpień. Książę Tego Świata jest też Księciem Kłamstwa i Księciem Ciemności. Stare irańskie mity o walce Ciemności ze Światłem, Arymana z Ormuzdem, najzupełniej mi odpowiadają. Czymże w takim razie jest światło? To, co bosko-ludzkie, zwracające się przeciw ludzko-przyrodniczemu. Innymi słowy, rozum nie zgadzający się na przeciwsens i dążący do sensu, zaszczepiony na ciemności jak szlachetna latorośl na dzikim drzewie, wzrastający, wzmacniający się tylko w człowieku i poprzez człowieka.

Świadomość, rozum, światło, łaska, miłość dobra — nie troszczę się o rozróżnienia, wystarcza mi, że jest w nas zdolność, która czyni nas obcymi, intruzami w świecie, istotami samotnymi, nie mogącymi się porozumieć z krabem, ptakiem, zwierzęciem. Według starej legendy, pospolitej w pierwszych wiekach chrześcijaństwa, następnie zapomnianej, Szatan zbuntował się, ponieważ jemu, pierworodnemu, Bóg kazał się pokłonić przed stworzonym na swój obraz i podobieństwo człowiekiem. Odtąd wszelkie szatańskie działania miały jeden cel: rywalizacji z tym młodszym bratem, tak niesłusznie wywyższonym. Czyli, odczytując to nieco inaczej, pomiędzy nami i Naturą została położona nieprzyjaźń.

Nie umiemy żyć nago. Musimy stale owijać się w kokon naszych konstrukcji myślowych, naszych zmieniających się stylów filozofii, poezji, sztuki. Nadajemy sens przeciwsensowi, najściślej ludzką z naszych czynności jest ta bezustanna praca prządki. Ponieważ nitki wysnute przez naszych poprzedników nie giną, przechowują się, my jedni pośród istot żywych mamy historię, poruszamy się w olbrzymim labiryncie, w którym splata się teraźniejszość i przeszłość. Ten labirynt chroni nas i pociesza, ponieważ jest anty-Naturą. Śmierć jest poniżeniem, bo wyrywa nas spomiędzy słów, dźwięków muzyki, układów linii i barwy, czyli tego wszystkiego, w czym manifestuje się nasza anty-naturalna wolność, i oddaje pod jarzmo konieczności, odsyła w królestwo inercji, niezawinionego rozkładu i niezawinionych narodzin.

Tak, ale absurd, który nas dzisiaj udręcza, jest przede wszystkim dziełem ludzi. Cywilizacja nie zaspakaja naszych pragnień ładu, jasnej, przejrzystej budowy, sprawiedliwości, też ostatecznie przez nas odruchowo pojmowanej jako słuszność proporcji. Dzikość walki o przetrwanie nie jest w niej zażegnana. Nieprzezroczysta, samoczynna, podporządkowana najbardziej prymitywnym determinantom i nas tak podporządkowująca, że wygładza nas i szlifuje, nie zbliża się, raczej oddala się, od wzorów republiki godnej wreszcie ludzi, postulowanej od paru tysiącleci przez filozofów i poetów. Dzieje się tak dlatego, że podwójność, rezydująca w każdym z nas, jest w niej raczej zaostrzona. Diabeł znakomicie korzysta z techniki po to, żeby przedostawać się do wnętrza naszej fortecy i naciskać dźwignię po dźwigni. Czyli że determinizm, inercja, właściwe temu, co pozaludzkie, ściąga w dół również to, co jest bosko-ludzkie.

Dla wielu moich współczesnych diabeł to wynalazczy, chłodno-logiczny umysł i on to jest twórcą cywilizacji technicznej, przez którą jesteśmy coraz bardziej wywyższani i uciemiężani. Opowiadają się więc po stronie instynktów i intuicji człowieka naturalnego a pojedyńczego, przeciwko sztuczności i zbiorowości. To prawda, przyznaję, w wyobrażeniach ludowych zadufany w sobie mędrek nad księgami, sprowadzający wszystko do mechanizmu przyczyn i skutków, suchy, wyzbyty wiary, obojętny na dobro i zło, nieraz uchodził za synonim złego ducha. Znalazło to przedłużenie w obrazkowych opowieściach komiksów, filmu i telewizji, których bohaterem jest złoczyńca w białym kitlu, wszechpotężny dzięki swojemu laboratorium.

Dla mnie jednak nie rozum ponosi odpowiedzialność za nasze nieszczęścia, ale rozum nieoświecony, niedostatecznie rozumny, odcinający się od tych naszych darów, z którymi powinien być nierozłączny, jakkolwiek je nazwiemy, łaską czy przywiązaniem do wartości. Nie ma we mnie nic z przyjaciela racjonalistów, czy tych osiemnastowiecznych, czy ich następców. I jeżeli dzisiejsi przeciwnicy bezosobowej, represyjnej, nieludzkiej wiedzy powołują się chętnie na Williama Blake'a, będę z nimi, tylko że u Blake'a znajdę co innego niż oni. Ten rozum, jaki zwalczał Blake, był wyrzeczeniem się porywu na rzecz stałych praw materii, ruchu wstępującego na rzecz inercji. Fizyka Newtona przerażała Blake'a, bo odczytywał ją jako deklarację poddaństwa, naszego poddaństwa wobec tego, co jest, bo skoro jest takie, jak jest, takie być musi.

Wielka operacja metafizyczna czasów nowożytnych polegała na próbie nadania sensu historii. To znaczy: ponieważ stoimy wobec świata, który nie zna dobra ni zła, jako cudzoziemcy, jako intruzi, ponieważ nasza boskość jest słaba, uwięziona w ciele podległym czasowi i śmierci, niechże spotęguje się nasz tylko labirynt, niechże ustanowione zostanie nasze tylko prawo zrodzone z wyzwania, które rzucamy światu w imię tego, co być powinno. Nasze istnienie, podobnie jak krabów i motyli, nie nadaje się do rozważań o celu, upadają jakiekolwiek po co i dlaczego, ale przeciwsens może być zmieniony w sens, jeżeli z pokolenia na pokolenie przybywa czysto ludzkiej potrzeby sprawiedliwości i ładu, co pozwala postulować moment spełnionego człowieczeństwa. Przeprowadzając tę próbę, dokonywano ciekawych przesunięć i podstawień. Bóg zmieniał się w złośliwego, okrutnego demiurga, tyrana Dzeusa, tyrana Jehowę, ponieważ był bogiem zaprzeczonej, niezadawalającej nas przyrody, natomiast boskim herosem, hetmanem ludzi mianowano buntownika, Prometeusza, Lucyfera (nieraz miał on twarz Chrystusa), jak to robili poeci romantyczni. Później wymagano, żeby każdy, kto chce widzieć historię w ruchu, skierowaną ku celowi, wypowiadał się w języku ateizmu. Operacja jednak nie traciła wcale przez to swojej tradycyjnej gwałtowności, jak zawsze, kiedy wchodzą w grę rzeczy ostateczne.

Tyle muszę powiedzieć z powodów praktycznych, żeby nie posądzono mnie o instynkty społecznika, które działają u mnie słabo. Co społeczne i polityczne, jest na nas wymuszone, ponieważ poza nimi nie mamy obrony przeciwko czasowi i zniszczeniu. Wprawdzie uprzędziony przez pokolenia labirynt jest tak wspaniały, tak ciekawy, że sama wędrówka po nim dostarcza wielu radości i nie potępiam tych, co nie wysuwają nosa z muzeów i bibliotek. Poza tym jest sztuka, ciągle odradzająca naszą wolność. Ale kiedy przypatrzeć się bliżej, ta cała humanistyczna przestrzeń więdnie i martwieje, jeżeli nie ożywia jej dążenie od form zastanych do form nowych, natomiast mocą praw, które tutaj pominę, co nowe, zawsze, choć nieraz bardzo okólnie, sprzymierza się ze społecznym i politycznym.

Słusznie nazwano naszą epokę epoką nowych wojen religijnych. Byłoby to niezrozumiałe, gdyby rewolucje komunistyczne nie miały korzeni w metafizyce, czyli nie były próbą nadania czynem sensu historii. Wyzwolenie człowieka od podległości rynkowi to nic innego jak wyzwolenie go spod władzy Natury, bo rynek równa się rozciągnięciu naturalnej walki o przeżycie, naturalnego okrucieństwa, na społeczność ludzką. Hasła używane przez dwa obozy, zwolenników rynku i rewolucjonistów, nabierają więc odwrotnego, niż się zdaje na pierwszy rzut oka, wyglądu. Wrogowie przewrotu lubili występować jako obrońcy religii zagrożonej przez bezbożników, ci bezbożnicy natomiast nienawidzili ich jako kapłanów gorszego boga, Dzeusa, Jehowy, czy inaczej, diabła, który depcze bosko-ludzkie porywy. Takie jest znaczenie Historii przeciwstawionej przez marksizm Naturze. Marksizm współbrzmiał z neomanichejską zaciekłością nowoczesnego człowieka. Gdyby nie to, nie miałby magicznej niemal siły przyciągania najbardziej aktywnych umysłów, nie stałby w centrum zainteresowań filozofów.

Tylko kiedy się uzna rdzeń metafizyczny w tym, co z pozoru jest tylko społeczne i polityczne, można ocenić rozmiary katastrofy, jaka nas spotkała. Wielka operacja myśli pełnej nadziei przechodziła do czynu i wracała do myśli, ale już bez nadziei. Załamanie się wiary w sens historii wskutek rewolucji zwycięskiej i zaraz przegranej dotyczy co prawda tylko Europy i północnej Ameryki, ale trzeba mieć czelność oświadczyć, że ani umiemy, ani bardzo chcemy wnikać w nadzieje Azjatów, Afrykańczyków i Amerykanów Łacińskich, bo milcząco zakładamy, może zresztą zupełnie błędnie, powtarzalność, pewną raz już sprawdzoną prawidłowość.

Łatwo jest prześlepić istotną treść rewolucyjnego zamiaru, bo przesłaniają go zwykle sentymentalne i moralistyczne hasła. Łatwo jest też argumentować, że co się zdarzyło, musiało się zdarzyć. Marksizm chciał działać przeciwko diabłu, ale wpuszczał go boczną furtką w obręb doktryny, to znaczy w swojej naukowej ambicji wysławiał konieczność, która miała być akuszerką ludzkiej wolności. Terror zyskiwał w ten sposób sankcję *Weltgeist*u, wyposażonego we wszelkie cechy złego demiurga. Nie było to zbyt przyjazne jakiemukolwiek lepszemu jutru błogosławieństwo. Toteż Książę Kłamstwa dał w krajach opanowanych przez marksistów takie przedstawienie, że zbladły w porównaniu z tym dawniejsze jego wyczyny. Jednakże nie trzeba zapominać, że oglądając się wstecz, zawsze jesteśmy skłonni przypisywać zjawiskom więcej logiki rozwojowej w ich związkach, niż miały naprawdę.

W jakiej tkwimy dzisiaj pułapce? Moje dzieciństwo upłynęło pod znakiem dwóch zespołów wydarzeń, którym przypisuję więcej niż społeczne czy polityczne znaczenie. Jeden — to rewolucja w Rosji i jej wielorakie następstwa. Drugi — to amerykanizacja w jej pierwszych zapowiedziach, filmach z Buster Keatonem, Mary Pickford czy samochodach Forda. I teraz nie ulega wątpliwości, że pełne zwycięstwo odniosła amerykanizacja. Czyli wytwór mocy nie tylko niższych niż człowiek i nie tylko zaraz go przerastających, niejako zamykających się nad jego głową, ale, co ważniejsza, odczuwanych przez niego jako i niższe, i przerastające jego wolę. Kto wie, może to jest kara za niedozwolone ludzkie uroszczenia. Im bardziej Bóg opuszczał przestrzeń, tym bardziej marzono o królestwie bożym zbudowanym tu i teraz własnymi rękami, prowokując wyrok: masz zarabiać i wydawać. Bardzo dobrze, dlaczego ma być inaczej? Pytanie tylko, czy nasza dwoista natura może znieść rzeczywistość statyczną i czy, jeżeli zabroni się jej sięgania poza nią i poza siebie, nie popada w szaleństwo albo, wyrażając się językiem psychiatrów, w nadmiar problemów. Niewykluczone, że jesteśmy zdrowi tylko, kiedy staramy się wyskoczyć z własnej skóry, mając nadzieję, że jednak to się czasem udaje.

Z moich stwierdzeń wynika coś ważnego, przynajmniej dla mnie. Wydaje mi się, że jest dużo prawdy w tym, co czytałem u historyków religii o kole symbolizującym myśl Greków. Koło nie ma początku ni końca, na jego obwodzie „było" przepływa w „jest" i wraca do „było". Zupełnie przeciwnie myśl żydowska, którą dość dobrze rysuje znak strzały. Lot strzały: przymierze z Bogiem, podróż narodu wybranego przez wieki, obietnica Mesjasza. Odziedziczyło to chrześcijaństwo, stąd też wzięły się marzenia mesjaniczne świeckie. Nawet prozaiczny mieszczański postęp drugiej połowy dziewiętnastego wieku dał okazję do zabawnych już tylko dla nas dzisiaj oczekiwań, jak wie czytelnik *Lalki* Prusa, gdzie wynalazek metalu lżejszego od powietrza miał zapewnić powszechny pokój i powszechną szczęśliwość. Są to dla mnie sprawy bardzo osobiste. Wychowanie, jakie otrzymałem, postawiło mnie chyba na zawsze pod znakiem strzały: wychowanie to nie ograniczało się zresztą do szkoły. Natomiast w kraju, w którym mieszkam, i w tej fazie cywilizacji każdy człowiek musi jakoś sobie poradzić ze swoją sytuacją muchy uwięzionej w bursztynie. Co go otacza, straciło swoją kierunkowość i zaczęło układać się koliście. Podróże międzyplanetarne nie obiecują wejścia w inny wymiar ludzki i chyba tylko w legendzie „latających talerzy" znajduje ujście tęsknota do czegoś zupełnie innego, przez kontakt z małymi zielonymi ludźmi przybywającymi z odległej planety. Umysł albo chwyta się kierunkowości odwrotnej delektując się wizjami zniszczenia, katastrofy, apokalipsy (w czym amerykańscy intelektualiści przypominają swoich europejskich kolegów z lat dwudziestych i trzydziestych), albo pociesza się wiecznie powtarzalną kosmiczną harmonią w dysharmonii. Koło może niezupełnie dokładnie oddaje charakter greckiej myśli o czasoprzestrzeni, ale tu chyba było pokrewieństwo Grecji z Indiami i obecny pociąg do mądrości orientalnej tłumaczy się zahamowaniem obrazów wstępującego ruchu.

Zresztą Ameryka, z tytułu całego swego rozwoju, którego napędem był ruch samoczynny, nie projektowany, zawsze cierpiała na pewną słabość wyobraźni historycznej, to znaczy wczoraj i jutro ludzkości przedstawiało się jako dziś, trochę gorsze czy lepsze: być może dlatego i starożytni Rzymianie w amerykańskich filmach, i astronauci z roku 3000 wyglądają i zachowują się jak *boys* z Kentucky. Orientacja wyobraźni była przyrodnicza, wiecznie ten sam człowiek we władzy wiecznie tych samych popędów i potrzeb stał wobec wiecznie tej samej Natury. Handlowa reklama gładko wskoczyła w ten wzór, przyczyniając się do jego wzmocnienia. Apeluje ona do „wiecznie ludzkiego" w jego fizjologicznych podstawach: seks; wchłanianie pokarmów (smakowite dania, na widok których leci ślina); wydalanie (pigułki regulujące żołądek, rozkoszny w dotyku papier higieniczny); smród (środki przeciwko brzydkiemu zapachowi z ust, deodoranty).

Do propozycji filozoficznych, jakie podsuwa mi dzisiejsza literatura, sztuka, reklama, odnoszę się niechętnie. Każde z mijanych przeze mnie na ulicy kobiet i mężczyzn czuje się zamknięte granicami swojej skóry, ale w istocie są to delikatne aparaty odbiorcze, których duchowość i cielesność wibruje tak a nie inaczej, bo taka a nie inna tonacja jest nadawana. Każde z nich nosi w sobie mnóstwo dusz i twierdzę, także ciał, ale jedna tylko dusza i jedno ciało są do ich rozporządzenia, inne pozostają nie wyzwolone. Czas zmiennych cywilizacji wyzwala w człowieku coraz to nowe dusze i ciała, nie jest więc wężem pożerającym własny ogon, ale przeciętni mężczyźni i kobiety o tym nie wiedzą. Kiedyś, bardzo dawno temu, idąc ulicą polskiej wioski, popadłem w zadumę na widok kaczek taplających się w nędznej kałuży. Zastanowiło mnie to, bo tuż obok w olszynach płynęła śliczna rzeczka. Dlaczego one nie idą do rzeczki — zapytałem siedzącego na przyzbie starego chłopa. Odpowiedział: „Ba, żeby one wiedziały”.

32. Odradzanie się utopii: Herbert Marcuse

„Ujmowanie natury w kategoriach ilościowych, które prowadziło do tłumaczenia jej przy pomocy matematycznych struktur, oddzielało rzeczywistość od wszelkich przynależnych jej celów i w konsekwencji, oddzielało prawdziwe od dobrego, naukę od etyki.

Wtedy krucha więź ontologiczna pomiędzy Logosem i Erosem jest zerwana i naukowa racjonalność ukazuje się jako w zasadzie neutralna".

Herbert Marcuse, *One-dimensional Man*

Pisma Herberta Marcuse, mego kolegi z Uniwersytetu Kalifornijskiego, znalazły tak duży oddźwięk u studentów dlatego, że nawet zwierzęta, jeżeli są chore, jedzą lecznicze rośliny. Marcuse przynosi im wieść, że człowiek jest rozumny, to tylko jego twór zbiorowy, któremu dał się pochłonąć, jest nierozumny. A jest nierozumny, ponieważ ślepa brutalność, właściwa bytowi, nie została zażegnana przez bosko-ludzkie aspiracje, przeciwnie, pogodzono się z nią, odnosząc się do niej neutralnie. Ten twór zbiorowy stoi rozumem naukowym obojętnym na zło i dobro: Logosem oddzielonym od Erosa. Marcuse pojmuje Erosa na sposób platoński. U Dantego jest to „Miłość która porusza słońce i inne gwiazdy". Czyli rozum zwalczany przez Marcusego to „zbójca, który broń kupuje", demoniczny uczony w białym kitlu z nowoczesnych obrazkowych powieści. To także diabelski hołdownik inercji u Williama Blake'a, odpowiedzialny za nieludzkie uprzemysłowienie Anglii, jak też „Moloch, którego imię Umysł".

Rozum prowadzony przez Erosa ustanawia powszechne idee, które już przez to, że są, zaprzeczają temu, co jest w imię tego, co być powinno. Człowiek, zaledwie szkic, zarys samego siebie, dąży do ich wcielenia w życie, to znaczy do wydarcia się z więzów rzekomo nieodwracalnej konieczności. Czas mu sprzyja. Nieprawdą jest bowiem, że „nic nowego pod słońcem". Powszechne idee są stale rzutowane w przyszłość i prowadzą ku zwycięstwu bosko-ludzkiego. Czas nie jest kolisty.

Nic bardziej typowego dla Ameryki, korzystającej najpierw z emigracji niewykwalifikowanych robotników, następnie z „emigracji talentów", niż ten import, jakim jest Marcuse. Co zastanawia, to to, że przez pewną klaryfikację chaosu, zwłaszcza przez obronę rozumu, który nie jest dla niego tożsamy z Molochem, odrobinę nadziei daje młodym Amerykanom niemiecki z pochodzenia marksista. W zgodzie z ogólnym kryzysem prometejskiej wiary musi to też być marksista wydziedziczony, świadek przegranej marksizmu w Europie w obu jego postaciach, rewolucyjnej i ewolucyjnej. Ambicje marksistów, żeby zbudować „światopogląd naukowy", zbliżały ich do entuzjastów Logosu obywającego się bez pomocy Erosa. Według ich doktryny prawa rozwojowe materii miały z „nieubłaganą koniecznością" prowadzić do zbawczej rewolucji, której miała dokonać klasa predestynowana, klasa robotnicza. Ostatnie dziesięciolecia nie najlepiej obeszły się z tymi dumnie naukowymi rachubami. Czy też wynik był jedynie na miarę tych rachub, skoro konieczność porodziła biurokratyczne państwo oparte na terrorze jako permanentnej, nieuniknionej instytucji. Dziećmi tygrysów są bowiem zwykle tygrysy. U Marcusego nie ma więc zapowiedzi rewolucji nieuniknionej, nieuniknionej, ponieważ zawarta już jest niejako z góry w stosunkach produkcji. Te stosunki produkcji potrafią doskonale dać sobie radę bez zasadniczego przewrotu i powszechny dobrobyt nie leży poza zasięgiem ich możliwości. Tyle jedynie można stwierdzić, że rozum nie znosi bezustannego pogwałcania siebie przez nierozum i że zbiorowy nierozum jest pochodną istniejących stosunków produkcji. Rewolucja jest więc zaledwie postulatem, nie gwarantuje jej nic, poza założeniem, że pomimo licznych porażek do coraz bardziej oświeconego rozumu należy ostateczny triumf. Na zarzut, że takie założenie wisi w powietrzu, Marcuse odpowiedziałby zapewne, że nie inaczej jest z naszą niemożnością zatrzymania się na względnych półprawdach i z poszukiwaniem absolutnej prawdy. Odsyła to nas do najbardziej podstawowych pytań o strukturze wszechświata, do wiary albo niewiary w jego ukrytą rozumną zasadę, której człowiek, jedyny pośród żywych istot, jest współpracownikiem. Mesjasza zdolnego zaprowadzić do ziemi obiecanej Marcuse nie znajduje, bo trudno przecie, żeby stawiał na konserwatywnych robotników amerykańskich. Liczy na nowe układy sił wewnątrz wirującego chaosu, jak też na trudne do przewidzenia wypadki.

Nie wiem, jak przedstawia się Marcuse czytany w Europie. Jego abstrakcje zyskują w Ameryce szczególną dobitność i powodzenie jego u młodych nie jest tajemnicze. Bardzo trudno jest żyć z poczuciem zasłony albo mnóstwa zasłon, które próbuje się rozchylić, żeby dotrzeć do jakiejś „twardni", ale zasłony są niewidzialne, ruchome, śliskie, wymykające się nazwom, bo ich przewrotność jest tak wielka, że transformują się, ile razy się je nazwie. Komizm i groza przepływają po nich falami obrazów absurdu. W tych warunkach niedaleko do schizofrenii, której jednym z objawów jest to, że chory nią dotknięty widzi np. drzewo, ale nie-do-rzeczywiste, już-już ma się pojawić prawdziwe drzewo, na nic, umyka. Marcuse przychodzi i powiada: „Dzieje się tak, ponieważ jesteście w niewoli. Tyrania, która was uciska, nie ma ukrytych w jakichś pałacach czy zamkach ośrodków dyspozycyjnych, nikt jej nie zaplanował, nie potrzebuje też ona uciekać się do rozkazów i zakazów. A przecie kontrola, jaką sprawuje nad wami, jest całkowita, bo jesteście przekształcani od środka, wasz umysł, wasze emocje, wasze pragnienia nie do was przynależą, są narzucone przez nią, mistrzynię społecznego obrzędu. Jeżeli chcecie być wolni, pierwszym krokiem musi być uświadomienie sobie, że jakiekolwiek wasze refleksje o bycie, o człowieku są zależne, skoro materiał, jakim rozporządzacie, materiał waszych postrzeżeń i pojęć, nie jest wasz własny, jak się wam wydaje. To nie ze światem obcujecie, ale z waszą cywilizacją, która przebiera się podając się za świat. Niech więc świadomość odkryje, jak i przy pomocy czego jesteście manipulowani. To jest możliwe do przeprowadzenia".

Narzędziem kontroli używanym przez zbiorowość jest język — mówiony, pisany i obrazkowy. Informacja, jaką przekazuje język, może być względnie łatwo poddana naszej ocenie, natomiast przesunięcia znaczeń w samym języku, przez eliminację pewnych wyrazów, odwrócenie pojęć, nawet składnię, są trudno dostrzegalne. Marcuse za główne zadanie uważa analizę języka, choć zdaje się nie wątpić o nieco przygniatających rozmiarach takiego przedsięwzięcia. Ten język, który rozbija postrzeganą przez nas rzeczywistość na fragmenty „faktów", staje się oczywiście celem jego ataków. Gdyż ten język sprzyja całkiem krowiemu spojrzeniu — nie wiemy, co myśli krowa, gapiąc się na przejeżdżające samochody, ale odgadujemy, że to coś w rodzaju czystej konstatacji: to jest i koniec. Według Marcusego zachodzi ścisły związek pomiędzy potocznym językiem urabiającym każdego niepostrzeżenie i ograniczeniem tak urobionych filozofów. Ku radości swoich młodych czytelników koncentruje więc swoje ataki na filozofii pozytywistycznej, potężnej na amerykańskim uniwersytecie i szczególnie przez nich znienawidzonej. Jest to bowiem filozofia, która uniemożliwia i ośmiesza jakiekolwiek tęsknoty do koherentnego światopoglądu. „Wartości wydzielone z obiektywnej rzeczywistości stają się subiektywne", mówiąc słowami Marcusego, natomiast, co jest subiektywne, nie jest uważane za filozoficzne. Jeżeli młodzi odwracają się od tej bezpłodnej dla nich zabawy, bo co to za filozofia, badająca świat odwartościowany, krowi, dowodzi to ich zdrowych odruchów. Skazani są jednak wtedy na swoją wiszącą w próżni subiektywność, na przeżerający wszystko relatywizm, z którego nie ratują ani „omamiki", ani religie Wschodu. Filozofia pozytywistyczna nie jest jednak według Marcusego niewinnym ćwiczeniem gabinetowych mędrców. Pojednana z nauką we wspólnej pogardzie dla Erosa (wartości wydzielonych i wygnanych), doskonali ona język technologicznej dominacji.

Pisma Marcusego pomagają niejednemu odzyskać dobre samopoczucie. Bezsilność wobec sprawnie działającego organizmu, w którego wnętrzu się żyje, prowadzi do przerzucania na ten organizm wszelkiej odpowiedzialności za osobiste porażki i niedowład własnej woli. Dostojewski w *Dzienniku pisarza* odnotował podobną skłonność u inteligencji rosyjskiej, która winy jednostki nie uznawała, czyniąc odpowiedzialnym „środowisko". Widział w tym wyrzeczenie się przez tę inteligencję chrześcijaństwa. Zresztą nie tylko w Rosji postępowcy różnych obediencji zżymali się na moralistów: człowiek jest zły, bo ustrój jest zły, zmienisz ustrój, zmienisz człowieka. W modnych obecnie salonowych rozmowach o alienacji, zaprzepaszczona esencja człowieka, którą dałoby się odzyskać, gdyby nie zewnętrzne okoliczności, jest prawie że przyrodzoną dobrocią szlachetnego dzikusa sprzed pognębienia go przez społeczeństwo. W Ameryce tym bardziej, bo dołącza się tutaj zadawniony kult prymitywizmu. Kanaka z wysp Polinezji, Indianin, Murzyn zawsze byli tutaj pokusą zakazanej swobody, niejasną a ponętną sferą możliwego powrotu i pobratania się (nieraz z odcieniem homoseksualnym). Stąd popularne wśród młodych hasło *dròp out*, czyli wyłączenia się, ma treść podwójną, i ucieczki w naturalność (redukcja potrzeb, niestrzyżenie włosów, niemycie się, nagość i obłapka *en masse* w miejscach publicznych), i politycznego buntu. Chociaż jednak Marcuse i inni pisarze o orientacji marksistowskiej pocieszają, bo dzięki nim utwierdza się własną niewinność, nie upoważniają bynajmniej do wyciągania z ich książek wniosku o jakiejś dobrej esencji ludzkiej, która jest tu, tylko należy ją odwinąć z osłon niby bukiet kwiatów z ohydnego gazetowego papieru. Wręcz przeciwnie, dla nich człowiek jest kim nie jest, jego esencja to dążenie i niespełnienie. Bardzo to obce prymitywistycznym zachciankom, bardzo europejskie, mimo że i w Europie nigdy nie brakło splątania dwóch nostalgii, do przeszłości i przyszłości (patrz dzieje romantyzmu). Prawdopodobnie pierwotna niewinność tak pociąga młodych Amerykanów, bo na jej korzyść działa cywilizacja handlowa, która wyrzekła się Grzechu Pierworodnego, są więc jej bardziej prawowitymi, niż im się zdaje, dziećmi.

Marcuse odpowiada moim wcześnie nabytym przyzwyczajeniom, jest z tej tradycji, w jakiej wyrosłem (Brzozowski). Od niej otrzymałem przekonanie, że kluczem do kondycji ludzkiej są zaślubiny Logosa z Erosem. Niemniej znajduję u tego autora trochę za dużo sprzeczności. Skoro negujemy to, co jest, dlatego, że rzeczywistość nadal równa się stanowi Natury, przerzutowi Natury w społeczeństwo, powstaje w nas chęć, aby wyobrazić sobie to, co być powinno. Nie, odpowiada na to Marcuse, jedyne, na co możemy się zdobyć, to zachować siebie jako czystą negatywność. Bo co istnieje, ma tak duży ciężar, że zamyka nas zewsząd w zaczarowanym kole zdrowego rozsądku. Rozumując trzeźwo, nie trafiamy na żadne dane, które by nas przekonały, że mogłoby być inaczej. Możliwe nie jest upragnione, ale upragnione przedstawia się jako niemożliwe. Jeżeli zastanawiamy się nad technologią, ekonomią, polityką, jesteśmy schwytani w tryby wzajemnie się warunkujących zależności i dochodzimy do wniosku, że dehumanizacja jest nieunikniona. Argumenty przeciwko idealnej republice dobroci i łagodności będą niezbite, ponieważ zakres naszych rozumowań zwęził się do tego, co jest. Nietrudno więc odkryć u Marcusego całe marksistowskie dziedzictwo. Kapitalistyczne stosunki produkcji tak według Marksa zakażały myśl, że mogła ona jedynie zdobyć się na negatywność, zmierzając do ich obalenia.

Dopiero ich obalenie mogło myśl wyzwolić. Dlatego też Marks nie daje niemal żadnych wskazówek, jak urządzić porewolucyjne państwo, a ten brak wskazówek miał nie byle jakie skutki. Ale Marks lokował przynajmniej swoje nadzieje w Mesjaszu, w klasie robotniczej reprezentującej jako klasa czystą negatywność. Marksizm Marcusego pozbawiony został Mesjasza. Jego młodzi czytelnicy nie mogą więc ani dążyć do zmiany istniejących instytucji, bo będzie to zawsze zmiana częściowa, nie dotykająca samego rdzenia dehumanizacji, ani liczyć na Mesjasza, który zwycięży, bo musi zwyciężyć. Nauki te są więc na miarę masowej studenckiej rewolty, która wie, czego nie chce, ale nie wie, czego chce.

Podobnie jak u wielu marksistów nienawiść do człowieka takiego, jaki jest, w imię człowieka, jaki być powinien, stanowi o uczuciowym tonie pism Marcusego. Nawet jeżeli pojmujemy człowieka jako potencjalność niemal nieskończoną, jeżeli mierzymy dystans pomiędzy zapowiedziami pojawiającymi się od czasu do czasu i jego dzisiejszym ograniczeniem, taka nienawiść usposabia nas podejrzliwie, bo byłaby usprawiedliwiona tylko, gdyby dało się wykreślić linię, poza którą zacznie się człowiek idealny. Ale gdyby obietnicę wykreślonej linii niosła ze sobą dość problematyczna rewolucja, która wszystko rozwiąże, obalałoby to filozoficzne przesłanki Marcusego. Umysł nigdy nie przestanie wykraczać poza samego siebie, ścigając zawsze uciekające niebo idei, ciało, w którym ma siedzibę Eros, bóg wszystkich twórczych popędów, nigdy nie wyłamie się spod konieczności fizjologii. Ten więc człowiek, obecny tutaj, który przeżywa swój skromny odcinek czasowy i nie będzie przecie miał innego, powinien by zasługiwać przynajmniej na nasze współczucie, jeżeli nie zachęcać do czynnego braterstwa. Uznać mieszkańców jakiegoś kraju, jak to robi Marcuse, za istoty zdeprawowane, za idiotów bez ich winy, ale jednak idiotów, to skazać się na arogancję intelektualisty. W Ameryce to znaczy całą technologię zaliczyć do rzeczy zastanych, gotowych, rozumiejących się same przez się i zastanawiać się tylko nad jej złowieszczymi następstwami. Technologia jednak nie urodziła się z niczego. Streszcza ona całą dzikość, całą bezwzględność walki o przetrwanie, jak też i ogromną ludzką cnotę. Tym gorzej dla niej, jeżeli jest skondensowaną dzikością? Tak, trzeba zawsze pamiętać, co pokazała wzgardzonym ludom, o wyrzynaniu całych plemion albo obdarowywaniu ich kocami zakażonymi ospą, o niewolnictwie jawnym i półjawnym. Ale cóż począć, jeżeli takie są hańbiące tła jej dobroczynnych darów? Nikt przytomny nie będzie nawoływać do rozbicia na miazgę maszyn, nie nawołuje też Marcuse. Niemniej przyznawać niechętnie, że (kapitalistyczne) maszyny wyniosły ludzkie masy ponad poziom nagiego przetrwania, to jedno. Doznawać w tej chwili tej właśnie maszyny jako czegoś, co być nie musi, bo mogłoby jej nie być, to drugie. Przeciętny człowiek amerykański, pogardzany przez Marcusego, dlatego ceni użytek maszyny i wdzięczny jest ustrojowi, który mu ją dał, że jego ojciec albo dziadek mieszkał w jednoizbowej chacie razem z krową i kozą. Na pewno zresztą ten człowiek jest wrogiem Marcusego, bo nie życzy sobie jakiejkolwiek zmiany grożącej mu odebraniem tego, co ma, będzie więc popierać polityków grających na jego strachu przed niewiadomym.

Europejczyk zna ten konflikt na pamięć. Czyści, czujący, rozumiejący zwracali się w Europie przeciwko bezwładnej masie, którą należało zbawić choćby wbrew jej woli. Jeżeli człowiek nie chciał być taki, jaki być powinien, należało go dźwignąć terrorem. Kulminowało to w doktrynie dyktatury proletariatu, a więc w teorii dyktatury większości nad mniejszością, w praktyce mniejszości nad większością. Krwawe walki robotników w Ameryce, o chleb, o prawo do związków zawodowych, do strajku, nie miały tak filozoficznego charakteru. Dzisiaj natomiast trudno jest już przeszczepiać marksistowskie pomysły na grunt amerykański, bo nie można się łudzić, że młodzi *barbudos* i proletariat wydzielony przez kolor skóry mogą mieć większość po swojej stronie.

Marcuse, pomimo sprzeczności, chyba nieuniknionych, to klarowność, i należałoby chyba życzyć, żeby czytali go więcej, nie mniej, ci rebelianci, którzy po prostu nienawidzą. Ale oni przeważnie nie interesują się teorią. Ani historią. Tę odrobinę teoretycznych równań, jaka jest im potrzebna, dostają dotykając się wzajemnie różkami, jak mrówki. Równania te sprowadzają się do: „żyjemy w absurdzie, absurd powinien być zniszczony". Wypadki pierwszej połowy dwudziestego wieku są dla nich bardzo odległe, byli wtedy dziećmi albo jeszcze się nie urodzili. Historii nie nazywają nauczycielką życia, zresztą nie zaznajomiono ich z nią w szkole. Ich poryw jest irracjonalny (wyśmieją każdego, kto im powie, że to źle), ich woluntaryzm ślepy (dlaczegóż to źle, jeżeli ślepy?). Ich celem nie jest nowy ustrój (jaki?), ale akcja rewolucyjna (polityczne *action painting?*). Ich „stań się" to: „niech stanie się zniszczenie". Czy brak im pracy, pieniędzy, chleba? Bynajmniej. Ich odruchy moralistyczne są silne, ale wojna w Wietnamie posłużyła jedynie jako katalizator czegoś innego. Jak u nihilistów rosyjskich, ich pragnienie ogólnego pożaru jest ostatnim ogniwem samopoczynającego się łańcucha. Przypominają nihilistów rosyjskich przez swoje wyłączenie z masy własnego narodu, która jest dla nich ciężarem i ciemnością.

Zniszczenie, jakiego pragną, nie wydaje się im chimerycznym celem, ponieważ im więcej techniki, tym delikatniej unerwiony jest lewiatan, którego chcą ugodzić w najczulsze centra. Prowokować tak, żeby odpowiadał ciosami i objawiał się jako fizyczna przemoc, nie jest sprzeczne z ich zamiarami, ponieważ założyli, że demokracja jest ułudą, skoro wspiera się na ciemnej większości. Niewykluczone, że nie wiedząc o tym, są narzędziem w ręku niezrozumiałego jeszcze dla nas chytrego ducha historii. Bardziej prawdopodobne, że ciało zbiorowe, które atakują, wydzieliło ich jak toksynę po to, żeby ich następnie roztopić i przyswoić, witalizując siebie coraz to nową dawką radykalizmu.

Kalifornia ma częste trzęsienia ziemi, chociaż są one słabe, niemal ich się nie zauważa. Geologowie zapowiadają trzęsienie ziemi jak się patrzy, co najmniej takie, jakie zrujnowało San Francisco w 1906 roku. Może ono nastąpić za miesiąc, za rok albo za pięćdziesiąt lat, dla przesunięć w skorupie ziemskiej to drobne różnice. W budowaniu na *fault*, czyli pęknięciu, najgłębszym na tym kontynencie, które przebiega dokładnie pod miastami przy Zatoce, można dopatrzyć się lekkomyślności albo doceniać pedagogiczne zalety uporu: jeżeli nasza kruchość i tymczasowość wystawiają nas na działanie potęg poza naszą kontrolą, nie należy zanadto się troszczyć. Podobnie demokracja amerykańska, gwarantując obywatelom prawo do propagandy wywrotowej, już właściwie od swego początku godziła się na ryzyko, żyła w stanie permanentnego kryzysu, przekoziołkowywała z wysiłkiem z jednego dnia w dzień następny. Tylko wysokim kosztem wojny Północy z Południem zlepek niepodległych państewek utrzymał się niegdyś jako jedno państwo. Ta trwałość republiki zbiegów, trwałość poprzez prowizorium, bo jej istnienie wyzwala, jak w arabskiej bajce, dżiny, z którymi trzeba jakoś sobie poradzić, żeby z kolei nowe dżiny wyzwolić, jest bardzo nowoczesna, odpowiada naszym nowym przyzwyczajeniom, skoro wiemy już, że nie tylko „cywilizacje są śmiertelne", ale i cała ludzkość. Tzw. człowiek pierwotny był może szczęśliwszy, bo zagrożenie przychodziło z zewnątrz, otaczała go wroga Natura, którą zaklinał magicznym tańcem. Ale nie warto mu zazdrościć. Wobec jego szczątków, na przykład kości znalezionych w indiańskim osiedlu z trzynastego stulecia, w Tuzigoot w Arizonie, doznaję ściśnięcia serca. Przeciętna ludzkiego życia nie przekraczała wtedy lat trzydziestu. Jest w ogóle trudne dla mnie do pojęcia, jak mógł przetrwać aż do dzisiaj nasz gatunek, zważywszy na jego obcość i wszechmoc sprzymierzonych przeciwko niemu demonów. Potwory, jakie zaprzągł w swoją służbę, przedłużyły nasze życie, ale także gotowe są, w swojej postaci technicznej czy np. w postaci zbiorowych manii samobójczych, ziemię od naszej obecności uratować — co jest chyba uczciwą transakcją.

Ludzki labirynt jest dla mnie wspaniały, zachwycający. Nie na wiele zresztą przyda się, co o nim myślę, ważne, kim wobec niego jestem. Dlatego może, że miałem patriarchalne jeszcze, pomimo wszystko, dzieciństwo, jestem zabobonny i swoją zabobonność kultywuję. Wierzę więc, że jest coś takiego jak przekroczenie miary i że każde przekroczenie miary wzywa karzącego wyroku. Coraz większa komplikacja jest i nieunikniona, i pożądana, ale nie może obyć się bez powtarzanego co pewien czas wielkiego czyszczenia, wielkiej redukcji. Nie wiem, jak się to i poprzez kogo dokona, ale ufam, że moja odraza do współczesnego stylu, który chce mnie obezwładnić jak pająk muchę, nie pochodzi tylko z przywiązania do przeszłości, raczej honoruje normę przeciwną rozpasaniu. I chociaż dziewięćdziesiąt procent tego, co mnie ofiarowują w książkach, filmach, malowidłach, razi mnie jako zgiełk donośny a pusty, wielkiego czyszczenia nie wyobrażam sobie tak jak Herbert Marcuse. Wściekłości na konieczność nie utożsamiam jak on z czystością protestu przeciwko wadliwemu ustrojowi. Piętnem dzisiejszego stylu jest wściekłość wymierzona przeciwko Istnieniu. Choć mam w sobie dużo pierwiastków manichejskich, taka wściekłość jest dla mnie nieprzystojna i domyślam się, że Bóg jej nie lubi. Przezwyciężać konieczność można tylko pamiętając, że całkowicie nie będzie nigdy przezwyciężona i że wstrętny dla Marcusego „ograniczony świat empiryczny", w którym, jak się wyśmiewa, „miotła w kącie i smak ananasowy mają duże znaczenie", nigdy nie przestanie nas zaprzątać. Nie ma powodu znęcać się nad głupotą przeciętnych ludzi za to, że horyzont ich jest zamknięty przez codzienne prace i rozrywki i że nie boleją w każdej minucie dnia i nocy nad szerokim światem, na który składają się „komory gazowe i koncentracyjne obozy, Hiroszima i Nagasaki, amerykańskie cadillaki i niemieckie mercedesy, Pentagon i Kreml, miasta atomowe i chińskie komuny, Kuba, prania mózgu i masakry". Dlaczego nie choroby i epidemie na całej ziemi, jak też powszechność śmierci? Zmieniony w upolitycznionego anioła, człowiek byłby samym świętym gniewem przeciwko temu, co jest, a jak wolno przypuścić, gotowym materiałem na inkwizytora albo sługę inkwizycji.

Rezygnujesz — słyszę już — godzisz się na niejasność, chcesz zadomowić się w niejasności. Owszem, w tym stopniu, w jakim służy to memu zdrowiu. Co jest teraźniejsze, ruchome, płynne, uporczywe, może być na chwilę schwytane w dzbanki naszych zgrabnych rozumowań, ale zaraz ucieknie, zostawiając puste skorupy. Popełniałem sporo błędów, jednak mniej niż inni w moim kręgu znajomych i przyjaciół, bo chodziłem jakby na ukos, dostosowując się tylko z pozoru, ich argumentom i stylom przeciwstawiając własne podejrzliwe: „to nie jest tak". Wystrzegałem się określenia „jak", dlatego że to przebłyskiwało i nikło w niedojrzałym, w niespełnieniu, musiało stopniowo dojrzeć i nabrać formy. Ludzki labirynt mnie zachwyca, bo rozwija i uwyraźnia, co było zaledwie przeczute. Rozwija też i uwyraźnia każde głupstwo, które musi spiętrzyć się i przesilić. Ten czas przestrzenny, który mnie dzieli od lat trzydziestych, a one mnie umysłowo ukształtowały, wypełniony jest zbrodniami, wrakami wielu nadziei i olśniewającym postępem technicznym, ale nie tylko. Było wiele drzwi ukrytych w ścianach tak, zdawałoby się, spoistych, że prowadząc po nich ręką nie trafiało się na żadną chropowatość powierzchni. Mogły być otwarte tylko we właściwym momencie: wtedy, za naciśnięciem nie zauważonego poprzednio guzika, obracał się na osi cały duży wycinek muru. Same nasze zdolności nie wystarczały, musiało nastąpić sprzężenie, tj. ogólna przemiana musiała dać znak, że już wolno. Skoro tak, skoro stawanie się ludzkiego labiryntu skłonne jest do samorewelacji, niezupełnie jałowe jest nasze pragnienie sensu. Jednak, żeby trzymać się tej samej metafory, mamy teraz przed sobą spoistą ścianę. Nawet jeżeli wyczuwam dotykiem tu i ówdzie punkty, gdzie mogą być guziki otwierające sekretne przejście, nie mam obowiązku o tym mówić, bo nie pora.

33. O emigracji do Ameryki tudzież jakby podsumowanie

Od wielu lat śni mi się co pewien czas ten sam sen w różnych wariantach. Występują w nim umundurowani ludzie, którzy zablokowali jedyne wyjście z wysokiego budynku i przeprowadzają aresztowania zaczynając od dolnych pięter, stopniowo zbliżając się do mnie. Mundury ich są niemieckie, niekiedy rosyjskie. Mimo jednak, że ten sen ułożony jest zwykle z fragmentów pamiętanych miast i ulic, nie uważam się za człowieka dręczonego przez koszmary. Z powtarzającym się snem dzieje się to samo co z rysunkiem ptaka czy drzewa, jeżeli wdroży się do niego ręka: traci on wkrótce rysy realistyczne, zmienia się w znak, w hieroglif. W tym więc śnie uczestniczę tylko częścią siebie. Zarazem inną częścią siebie wiem, że to tylko tak się śni, że zaraz się przebudzę.

Rzadcy są ludzie, którzy zachowali świeżość podziwu — podziwu na przykład dla pierwszych, podstawowych wynalazków, bez jakich nie byłoby cywilizacji, wynalazku rozpalania ognia, wynalazku koła. Podobnie pomysł, że władza państwa ma granice zakreślone prawem i że nikt nie powinien być osadzany w więzieniu dlatego tylko, że tak podoba się ludziom w mundurach, zasługuje na chwilę zdumienia. Tym bardziej że o ile wynalazek koła jest z nami raz na zawsze, nieodwracalny, opieka prawa, jaką zapewnia niezawisłość sądów, jest bez ustanku zagrożona przez ambicje rządzenia innymi bez żadnych przeszkód i hamulców. Tylko jednak doświadczenie życia w ustrojach, gdzie jednostka jest zdana na samowolę władzy, pozwala naprawdę cenić demokrację, która, choćby niezupełnie i z trudem, poddaje się kontroli obywateli. Dlatego też zawsze przyglądałem się młodym amerykańskim rebeliantom z odrobiną ironii. Panowanie prawa to dla nich albo banał, rzecz oczywista i nudna, albo godna nienawiści i pogardy, ponieważ powołuje się na nią *establishment*, żeby tak maskować istniejącą niesprawiedliwość. I trzeba przyznać, że prawo, jeżeli nie doznało się, czym jest jego brak, słabo przemawia do wyobraźni, znacznie słabiej niż hasła żądające społeczeństwa doskonałego.

Nie wyemigrowałem jednak do Ameryki z krajów totalitarnych. Najpierw osiedliłem się we Francji, z którą dużo mnie łączy i gdzie w szczegółach krajobrazu, w starych uliczkach, w leśnych zakątkach (jak na przykład brzegi rzek l'Isle i Wezery w Dordogne) nieraz odnajdowałem przypomnienie moich stron rodzinnych. Niestety Francja nie mogła być moim domem z powodów, które nie były tylko moje, ściśle osobiste, ale wskazują na ogólną prawidłowość nowej emigracji, „emigracji talentów". Moje sądy o Ameryce są więc zabarwione nie tylko przez pamięć o wschodniej części Europy, także przez dziesięcioletni pobyt w Europie Zachodniej.

Trwanie historyczne poszczególnych krajów poddane jest zasadzie ciągłości poprzez zmianę, zmiany poprzez ciągłość. W Europie Zachodniej ciągłość jest tak silna, że nadal można tam mówić o niezmiennych strukturach wieku dziewiętnastego. Ze względu na brutalność walki o byt pisarze, którzy tę walkę obrali za główny swój temat — Balzak, Dickens czy Zola, są mniej, niż to się wydaje, staroświeccy. Ameryka Marka Twaina czy nawet Uptona Sinclaira już nie istnieje, ale Francja jest dotychczas w znacznym stopniu Francją Balzaka. Jednak, także jeżeli chodzi o wiek dziewiętnasty, kapitalizm europejski i kapitalizm amerykański były bardzo różne. Gwałtowność zderzeń pomiędzy ludźmi była w Ameryce jawna, na powierzchni. Ta gwałtowność w Europie ulegała sformalizowaniu, zrastała się w jedno z uświęconymi przez stulecia przedziałami klasowymi, jakby zaschnięta i zapiekła czy interioryzowana. Kapitalizm amerykański stał rozmachem, pomysłowością, marnotrawstwem, kapitalizm europejski jedną potężną namiętnością, skąpstwem. Przedłużanie się tych wzorów obyczajowych w czasie, aż do dzisiaj, wyjaśnia, dlaczego Ameryka potrafiła stworzyć nowy olbrzymi sektor gospodarki na miarę potrzeb rosnących tym bardziej, im bardziej zbliżamy się do wieku dwudziestego pierwszego. Sektorem tym są uniwersytety, instytuty badawcze, laboratoria; zainwestowane w nim są miliardy dolarów. Na nic podobnego nie zdobyła się Europa Zachodnia, gdzie nauka zawsze uchodziła za zajęcie wąskiej elity. Szczodrość prywatnego kapitału zapoczątkowała w Ameryce rozwój uniwersytetów i instytutów badawczych, następnie dołączyły się do tego pieniądze z podatków. Skąpstwo prywatnego kapitału w Europie skutecznie zapobiegło położeniu podwalin i wątpliwe jest, czy skarby państw potrafią kiedykolwiek nadrobić zwiększające się, nie malejące, opóźnienie.

W ciągu tych wszystkich lat, jakie przeżyłem w zachodniej Europie, nie dostałem ani jednej oferty od instytucji zajmujących się krzewieniem wiedzy. To prawda, że moja dziedzina — literatury słowiańskie — jest nieco ezoteryczna. Ale jeżeli uchodzi za taką na kontynencie w połowie zamieszkałym przez narody słowiańskie, można z tego wyciągnąć różne wnioski. Najrozumniejsi ludzie, jakich w moim francuskim okresie spotkałem, byli federalistami, przekonanymi, że tylko polityczne i gospodarcze zjednoczenie niedużych krajów potrafiłoby przeciwstawić dostatecznie silny potencjał i Ameryce, i Rosji. Napotkany przez nich opór, tak że ich plany były realizowane tylko częściowo i niemrawo, wyjaśniam tymi właśnie przyzwyczajeniami do zamykania się we własnych narodowych opłotkach, które mnie, przychodzącego spoza tych opłotków, czyniły zbędnym. Bo mimo, że domena Słowian leżała poza granicami projektowanej federacji, jakakolwiek myśl dalekosiężna nie wyrzekałaby się lekko wiedzy o najbliższych sąsiadach. Było w tym jakby osłabienie woli życia, życia jako podmiotu historii, milcząca zgoda na rolę przedmiotu chronionego przez siłę Ameryki. Nie mogłem nie myśleć o swojej zbędności słysząc, jak wielki mąż Francji oświadczał się za „Europą aż do Uralu", co wydawało mi się nic nie znaczącym frazesem.

Zresztą mniejsza o studia słowiańskie. W podobnej co ja sytuacji było wielu coś umiejących i nie znajdujących dla swoich umiejętności zastosowania. Wiedza, jako całość wzajemnie powiązanych i wzajemnie uwarunkowanych części, wspiera się w znacznym stopniu na dyscyplinach z pozoru ezoterycznych; jeżeli jej rozszerzenie uchodzi za ważne, również gospodarczo, znajdą swoje miejsce i ichtiologowie, i historycy Bizancjum, i specjaliści od języka urdu. Bezrobocie wykształconych, wegetacja na mizernych posadach czy praca w źle wyposażonych laboratoriach były dokoła mnie przyjmowane z pokorą jako coś zwykłego. Możliwe, że moje obserwacje są wąskie, bo ograniczają się do Paryża, wyjątkowo twardego miasta, ale chyba mają i bardziej ogólne zastosowanie.

Nie przemawia przeze mnie gorycz porażki. Jeżeli przez dziesięć lat żyje się z pióra i ma się względnie wysokie nakłady książek tłumaczonych na różne języki, trudno to za porażkę uznać. Tyle że nie lubiłem tego swego zawodu europejskiego literata. Książki moje były tłumaczone z polskiego, co powodowało ogromne trudności, ale pogodziłbym się i z nimi. Jednak zawód literacki to nie tylko papier i pióro. To także zdolności podobne do tych, jakie musieli mieć dawni dworacy utrzymujący się w pobliżu tronu króla czy księcia starannie obmyślaną taktyką, grą sojuszów, ciągłym przypominaniem o sobie. Na moje ówczesne gafy patrzę humorystycznie i dzisiaj mógłbym już bez wrogich uczuć narysować portret europejskiego wydawcy, od którego podpisu tak dużo zależało. Portret syntetyczny, na pewno krzywdzący dla niektórych moich zacnych chlebodawców, choć zawierający także i pewne ich rysy. A więc taki potentat książkowego rynku jest żywym zaprzeczeniem zasady *business is business*. Nie tylko decyzje jego nie sprowadzają się do kalkulacji, bo wydaje, co mu się podoba, i często wyłącznie dla honoru firmy; zachowaniem się swoim daje także do zrozumienia, że honoraria, jakie wypłaca autorom, nie są czymś, co jest im winien, ale aktem jego łaski. Wszystko zależy od tego, jak blisko jest się jego osoby w szumie i cieple pszczelego ula, którym rządzi. Jeżeli blisko, potrafi wyłożyć ciepłą ręką wielką sumę potrzebną na kupno mieszkania, kurację czy wyposażenie córki. Potrafi też zapraszać swoich autorów na kulinarne festyny, płacąc rachunki równe ich rocznym budżetom. Co innego, kiedy przychodzi do zwyczajnych wypłat należności. Skromne grosze trzeba wyciskać z trudem, zresztą jego księgi buchalteryjne są często poddawane tajemniczym machinacjom mającym na celu obniżenie podatków. W jaki sposób w kapitalistycznych przedsiębiorstwach przetrwał typ feudalnego pana, jest dla mnie niepojęte. Takich cech nie zauważyłem u amerykańskich wydawców, rzeczowych, dokładnych i przyziemnych. Zresztą wyjazd do Ameryki oznaczał dla mnie uwolnienie się od literackich honorariów jako jedynego możliwego zarobku. Cuda zdarzają się, nie należy jednak ich nadużywać.

O moim pożegnaniu się z Europą przesądziły nie tylko oczywiste względy, dla których tak wielu zachodnioeuropejskich szkolarzy i naukowców wywędrowało w ostatnich dwóch dekadach do Ameryki. Wiek dwudziesty jest wiekiem masowych exodów spowodowanych przez polityczne przewroty, co w tych rozmiarach jest nowością i dlatego formuła adaptacji musiała być dopiero przez samych emigrantów wynaleziona, przeszłość nie dostarczała tu dostatecznie ważnych na dzisiaj wskazówek. Jakakolwiek jest siła przywiązań do krajów rodzinnych, człowiek tylko chyba przez czas ograniczony może mieszkać z dala od nich, odnosząc się z niechęcią do tego, co widzi co dzień, skarżąc się na obcość języka, obyczajów, instytucji, wytężając wzrok i słuch ku utraconej ojczyźnie. Jesteśmy karmieni przez nasze zmysły i odbywa się w nas bez ustanku, choć nie jesteśmy tego świadomi, usilna praca polegająca na porządkowaniu chaotycznych postrzeżeń, układaniu ich w pewne całości. Zupełne *déracinement*, wykorzenienie, jest sprzeczne z naszą naturą i roślina ludzka raz z gruntu wyrwana stara się zapuścić korzenie w ten grunt, na jaki ją rzucono. Dzieje się tak dlatego, że jesteśmy istotami cielesnymi, to znaczy zajmujemy w przestrzeni miejsce, to „miejsce" zamknięte powierzchnią naszej skóry nie może być jednak w „nigdzie". Tak jak ręka wyciąga się i bierze ołówek leżący na stole, ustalając stosunek pomiędzy ciałem i tym, co jest poza nim, wyobraźnia przedłuża nas ustalając zmysłowy, obrazowy stosunek pomiędzy nami i ulicą, miastem, powiatem, krajem. U wygnańców ze wschodniej części Europy można często zauważyć rozpaczliwą odmowę pogodzenia się z tym faktem; próbują oni zachować ojczyznę jako przestrzeń idealną, w której się poruszają, ale ponieważ jest ona tylko w pamięci, nie wzmacniana przez codzienne wrażenia, sztywnieje, przekształca się w słowa, tym bardziej zresztą uparte, im bardziej blednie ich dotykalna treść.

Pięcioma zmysłami wrastałem we Francję, co było o tyle zrozumiałe, że pomimo wszelkich różnic pomiędzy jej prowincjami Europa jest całością ukształtowaną przez wspólną przeszłość. Niemniej wybór, przed jakim stoi się we Francji, niezupełnie przypadł mi do smaku: można tam być albo Francuzem, albo cudzoziemcem. Ściślej, nie ma wyboru, skoro „francuskość" ma charakter niemal metafizyczny, nie związany ani z długim zamieszkaniem, ani z rodzajem paszportu. Mój akcent naznaczał mnie piętnem obcości, ale tak samo naznaczał niektórych starych taksówkarzy paryskich, wiecznych emigrantów — nie pomyliłem się chyba ani razu przechodząc na rosyjski po zamienieniu z nimi po francusku paru słów. Ten akcent był jednak mój, stanowił moją własność, i nie usiłowałem wcale go się pozbyć, tak jak nie usiłowałem pozbyć się żadnych swoich dawnych przywiązań i lojalności. Co było najzupełniej dozwolone, ale dlatego, że wszelkie dziwactwa wybacza się cudzoziemcom. Trudno więc uchwycić, jak takie wyłączenie hamuje porządkującą pracę wyobraźni, która stara się np. prowincję Dordogne przyswoić aż do takiego stopnia, żeby była „moja", a nie zewnętrzna, chwilowa posiadłość turysty. W Ameryce ten mój zwykły chyba i zdrowy popęd do tego, żeby znaleźć się w domu, nie natrafiał na takie przeszkody, bo wszystko tu było odwrotnie: akcent słowiański, przybycie z odległego kraju, niezniszczalne przyzwyczajenia i odruchy, które tam mnie wyłączały na stałe, tutaj przyczyniały się do mojej normalności, tak że byłem jednym z wielu w tłumie złożonym z przybyszów, przez to właśnie „amerykański", że nie musiałem się niczego wyrzekać.

Myślenie nasze jest zawsze w niewoli pojęć, które kiedyś zrodziła jakaś rzeczywistość, ale które wiodą żywot autonomiczny, opóźniony. Przesiedlenie się do Ameryki w drugiej połowie naszego stulecia nie jest tym samym, co emigracja w dziewiętnastym wieku, ani nawet tym, co kilka dziesiątków lat temu. Ostatnie pozostałości epoki parowych maszyn w ich duchowych odpowiednikach już rozprzęgają się i giną, człowiek znalazł się przed czymś dotychczas jeszcze nie nazwanym i choć jego świadomość nie nadąża ogólnym przemianom, odczuwa to wszystko, co się dzieje z całym naszym gatunkiem, jako olbrzymie, groźne i być może ostateczne. Doznanie „przełomu", rozpadu, końca nie zdarza się w dziejach cywilizacji po raz pierwszy. W Rzymie cesarskim żyło z tym wiele pokoleń, prawdopodobnie coś zbliżonego dręczyło millenarystów Średniowiecza, Renesans tylko z pozoru był jasny i klarowny, w istocie zdobywał się z wysiłkiem na klasyczny ład wbrew mrocznym medytacjom o utracie tradycyjnych pewników, hierarchii, cnót. Cierpienie Ameryki, gwałtowność jej niemal nierozwiązalnych konfliktów, niepewność Ameryki nie są na tle kolejnego wielkiego przełomu jej osobliwym losem, jakim był kiedyś, widziany z Europy, jej żywiołowy rozrost kolonizujący kontynent. I w niszczącym oddziaływaniu techniki na ludową wyobraźnię religijną, i w automacji, i w powszechności wykształcenia, i w lęku człowieka przed samozagładą przez zatrucie, stopniowe albo nagłe, Natury przygoda Ameryki ukazuje swoje rysy uniwersalne, zgęszcza, streszcza to, co dosięgło albo dosięga ludzi na całej ziemi. Od wynalazku ognia i wynalazku koła nie ma odwrotu, podobnie nie ma odwrotu od następstw nowoczesnej wiedzy rozpętującej reakcje łańcuchowe, choć wiele z nich ulega tu i ówdzie, z różnych lokalnych przyczyn, zwolnieniu, powstrzymaniu, czy też po prostu cały zespół wzajemnie powiązanych czynników duchowych, technicznych, społecznych toruje sobie drogę podziemnie, wbrew obowiązującym ideologiom. Większa niż gdzie indziej jawność, jawność w zagubieniu i w samooskarżeniu, zmienia Amerykę w pole doświadczalne całego ludzkiego rodu, przy czym ton destrukcji, sojusze rewolucjonistów i bohemy są zapewne ceną za przekształcenie się z kraju materialnej potęgi w kraj poetyckich i filozoficznych przedsięwzięć.

Moja bezdomność: ale właśnie integracja w Amerykę jest przez to ułatwiona, że jej mieszkańcy zawsze cierpieli na bezdomność, wykorzenienie, później nazwane alienacją — któż, poza Indianami, nie był tu *alien*? Z wyjątkiem rolniczych powiatów na Wschodnim Brzegu, wcześnie skolonizowanych, wszędzie wędrowiec i osadnik musiał opanować i uporządkować otaczającą go przestrzeń, nie tylko w sensie dosłownym, ale poprzez wyobraźnię czynną na jawie i we śnie. Gdyby to sprowadzało się do przenosin z jednej siedziby do innej stałej siedziby — ale nie, nawet na to nie pozwalała przemysłowa ruchliwość. W tych warunkach nie należy się dziwić, że samym rdzeniem literatury amerykańskiej zawsze było pytanie: „kim jestem?” Swoją tożsamość jednostka ustala fizycznie, odnosząc siebie do przedmiotów w zasięgu ręki i wzroku, rozciągając, co tak zdobyła, na wioskę, powiat, kraj, następnie na przeszłość tego kraju, która musi być jakoś dostępna, zaczepiona o szczegół, w przeciwnym razie jest „nigdzie". Tam, gdzie to niemożliwe, szuka się środków zastępczych, i takie jest znaczenie odkrycia, jakie zrobił Walt Whitman posługując się zapożyczonym z francuskiego słówkiem *en masse*. Jeżeli *en masse*, to nie zaczynam od mego zamku rycerza, chaty chłopa, sklepu mieszczanina, jestem Każdym i muszę siebie określić w powszechnej płynności, wobec zbiorowiska ludzkiego w ruchu złożonego z Każdych. Jest to nadludzko trudne, bo upadają wyróżniki podtrzymujące, wspomagające moją indywidualność (jak choćby co najbliższe ciała, czyli strój, znak przeciwstawienia się grupy, do której należę, innej grupie) i „ja" jest oglądane przez siebie z zewnątrz niby eksponat za szybą, co sprzeciwia się jego wsobności. Nie mówię tutaj o żadnym rozpłynięciu się w masie, o wspólnocie temperatury i rytmu (charakterystyczne, że w Europie odczytywano Whitmana jako barda masowych wieców i pochodów), ale o odniesieniu siebie do innych, osobnych ludzi, tak samo jak ja wtrąconych w pozycję geograficznie chwiejną. Już sto lat temu ta *masse* była „samotnym tłumem".

Niezamierzone prekursorstwo Ameryki polega na tym, że nastąpiło w niej wcześniej i na większą niż gdzie indziej skalę wydarcie drobin ludzkich z ich gleby, wydarcie, które miało się upowszechnić w następstwie opóźnionej na wielu obszarach rewolucji przemysłowej, jak również wojen i politycznych przewrotów. Kraj wygnania *per se* zawarł w sobie niejako *paradigm* wszelkiego wygnania. Co więcej, także wygnania z przestrzeni istniejącej w umyśle, zhierarchizowanej przez tron Boga. Cywilizacja europejska wspierała się na pewnych przestrzennych odpowiednikach czy przekładach prawd religijnych. Były to zarówno układy pionowe: Niebo, Ziemia, Piekło, jak poziome — niebezpieczne wyprawy rycerzy w poszukiwaniu Graala, legenda wojen krzyżowych o grób Chrystusa czy też podróże po trudnych do przebycia drogach, ilustrujące powolny postęp duszy ku zbawieniu mimo osaczających ją diabelskich pokus. Nawet szesnastowieczny polski traktat wierszem o spławianiu zboża rzeką (*Flis* Klonowica) jest chwilami alegorią o doczesnej pielgrzymce chrześcijanina do upragnionego portu. Zupełnie inne obrazy pojawiają się, kiedy zaczęto wyrażać niepokój wobec przestrzeni obezwładnionej przez upadek wiary religijnej. Jest to przestrzeń nie poddająca się woli, bezużyteczna, bezsensowna, a więc przede wszystkim jałowizny wielkich miast, śmietniki, place pokryte blaszanymi odpadkami, zarosłe pokrzywą, rodzaj otchłani, którą niegdyś miały zamieszkiwać dusze nie znające dobra ni zła. W dwóch najbardziej chyba reprezentacyjnych sztukach „teatru absurdu": *Czekając na Godota* i w *Ach, piękne dni* Becketta, akcja dzieje się w „nigdzie", materialne kształty występują tylko jako symbole bezcelowego, koliście zamykającego się czasu. Otóż Ameryka, i wskutek żywiołowości, i wskutek zasadniczej antyorganiczności swego wzrostu, stworzyła krajobrazy odpadków, śmietnisk, ruder, neonowych pustyń wcześniej, niż zajęła się tym wyobraźnia poetów, tak że bez przesady można powiedzieć, że nie ustalona, zaprzeczająca naszemu pragnieniu ładu przestrzeń służy tu za scenerię sztuki odgrywanej nie na deskach teatru, której postaciami są Każdy i Każdy. Łatwość, z jaką przyswajają wytwory amerykańskiej kultury mieszkańcy innych kontynentów, ma powód w tym, że nie musi ona nawet zbytnio metaforyzować rzeczywistości, sama ta rzeczywistość jest metaforą przekazującą wieść o człowieku wydziedziczonym.

Jednym ze stałych już ingredientów cywilizacji, w jakiej żyję, jest skarga utraty, nostalgiczne marzenie zwrócone w przeszłość, upiększające dawną zgodę z Naturą, pierwotną niewinność, pełne włączenie w plemienną wspólnotę, hieratyczną przestrzeń rozpiętą pomiędzy rolniczym powiatem i Niebem. Idzie to w parze z furią zwróconą przeciwko temu wszystkiemu, w czym znaleźliśmy się, niedostrzegalnie przepływającą w furię przeciwko istnieniu w ogóle. Kontrast pomiędzy nigdy dotychczas nie spotykanymi w dziejach osiągnięciami techniki i medycyny, zasadniczo przychylnymi środowisku ludzkiemu, i tak ponurym stanem umysłów jest mocno enigmatyczny, tym bardziej że strach przed globalną katastrofą (wojna atomowa, zatrucie oceanów przez produkty chemiczne), która może nastąpić albo nie nastąpić, zdaje się być używany tylko jako pseudonim głębszej i trudniejszej do nazwania choroby. „Niemożność życia", tak udręczająca np. młodych Amerykanów, świadczy prawdopodobnie, jak to już się nieraz zdarzało, o wyczerpywaniu się pewnych duchowych zasobów i zawieszeniu pomiędzy czymś, co się kończy, i czymś, co się jeszcze nie zaczęło. Amerykański filozof José Ferrater Mora pisze o starożytnych szkołach cyników, stoików i platoników jako niemalże nam współczesnych, bo wszyscy oni szukali sposobu ocalenia, starając się siebie zachować wobec społeczeństwa odczuwanego jako chaos, na który pojedynczy człowiek nie może mieć wpływu. Ich to zapewne dzieła o wiele, wiele później, kiedy średniowieczny porządek „wychodził z trybów", studiował w Wittenberdze Hamlet, chociaż w momencie próby nie chciał ograniczyć się do postawy wycofania i na swoją zgubę postanowił zło w zamku Elsynory uleczyć.

Chociaż ma się dzisiaj skłonność wyolbrzymiać wyjątkowość naszego położenia, tak zwana nasza epoka zaczyna się gdzieś na przełomie osiemnastego i dziewiętnastego wieku i powinna być rozpatrywana jako całość. Wyróżnia ją jej centralny problem filozoficzny dojrzewający powoli wskutek krytyki, jakiej poddano tradycyjne wierzenia chrześcijańskie i arystokratyczne instytucje z monarchią na czele. Jest to problem politycznego terroru, który świadomym i czystym, jeżeli posłużą się nim umiejętnie, pozwoli dokonać odkupienia i przebóstwienia człowieka. Zachodzi ścisły funkcjonalny związek pomiędzy wszelkimi rodzajami nihilistycznej rozpaczy wobec świata nie odkupionego przez Boga, pustego, bo opuszczonego przez Opatrzność, gdzie zło i dobro pozbawione są wyższej sankcji, i tym porywem woli postulującej rozum przeciwko powszechnemu nierozumowi. Prawdziwymi rewolucjonistami byli poeci i artyści, nawet najbardziej eteryczni i dalecy od jakichkolwiek krwiożerczych zamiarów, bo oczyszczali pole, czyli działali jako organizatorzy wyobraźni zbiorowej na nową miarę, miarę samotności człowieka jako gatunku. Stąd zatarcie granic pomiędzy artystyczną bohemą i zwolennikami politycznego czynu. W europejskim romantyzmie można dostrzec rozpad tej idealnej przestrzeni, która odpowiadała zarówno zakorzenieniu człowieka w jego rodzinnej wiosce, jak aspiracjom duszy dążącej do Nieba. Przestrzeń dynamizuje się, wymyka się z „teraz", bo „teraz" jest potępiane jako nieznośne, zrasta się z przestrzennymi, siłą rzeczy, obrazami historycznego czasu. Nie jest to istotne, że jedni romantycy wolą zwracać wzrok z nostalgią w przeszłość, marząc o średniowiecznych zamkach, rycerzach i minstrelach, inni wytężają się w proroctwach, skoro i jedni, i drudzy (często ci sami) za swój wymiar obrali przeszłość i przyszłość, ruch zstępujący i wstępujący. Sprzężenie z dynamicznymi pierwiastkami chrześcijaństwa (Mesjasz, oczekiwanie nowego Przyjścia) i z ewolucjonizmem nauk biologicznych pchało ich i ich następców do wiary w Postęp, ale korzystali z tego w ostatecznym rachunku ci najgorętsi i najbardziej logiczni, którzy samoczynnemu postępowi zaprzeczyli, przeciwstawiając mu akt świadomej woli przerabiającej oblicze ziemi. Terror polityczny ma zaszczytną genealogię, w nim ogniskują się wszelkie najzawilsze dociekania i Dostojewski chyba miał rację, kiedy postawił dylemat: albo Bóg-człowiek, albo Człowiek-bóg. Toteż ukoronowaniem europejskich duchowych dążeń stał się ulepszony, pełniej teoretycznie uzasadniony, terror-

-zbawienie cnotliwych jakobinów; ulepszony przez Marksa i jego uczniów. Inna niż w Ameryce odmiana *en masse* powoływała do życia obrazy kierunkowo zorientowanej przestrzeni. Zamiast doczesnej pielgrzymki duszy po wąskiej ścieżce wśród przepaści i sideł, marsz narodów z niewoli egipskiej kapitalizmu przez pustynię (tymczasowego) niedostatku i (tymczasowego) terroru pod przewodnictwem wodzów-kapłanów czy też budowanie (bardzo dziewiętnastowieczne, cegła po cegle) socjalizmu.

Przeznaczeniem zachodniej Europy był eksport i następnie podbój jej samej przez to, co eksportowała. Jej ciało uciekało przed zapiekłym, sformalizowanym gwałtem walki o byt za ocean, woląc bezdomność i nadzieję niż swojskość i beznadziejność. Jej duch wykazywał skłonności kontynentalne, działając i po jednej stronie Uralu, i po drugiej. Kiedy wreszcie nastąpił upadek, a decyzje przeniosły się do Ameryki i Rosji, miało to wygląd przypowieści z morałem. Przysłowie powiada, że w domu powieszonego nie mówi się o powrozie. Ta Europa, w której mieszkałem po wojnie, starała się udawać, że nie ma żadnego powroza. Jej marzeniem był powrót i do tego sposobu życia, i do tych myślowych przesłanek, z których wnioski zostały już wyciągnięte gdzie indziej.

Ameryka kiedyś europeizowała się technicznie, po to żeby zaraz Europę w tym przewyższyć. Teraz odbywa się jej inna europeizacja. Bo oczywiście powszechność wykształcenia oraz szacunek dla literatury i sztuki, wpajaniem którego zajmują się zastępy inteligencji zatrudnionej w *college*'ach, uniwersytetach i instytutach badawczych może oznaczać to tylko, że zaszczepia się na rodzimym drzewie przeróżne europejskie idee razem z ich wewnętrzną rozwojową logiką. Podobnie, kiedy w niezbyt okrzesanym Rzymie zaszczepiano Grecję, nie ograniczało się to do Homera i Pindara, przeciwnie, przenikała w umysły również cała schyłkowa myśl i sztuka hellenistyczna.

I z powodu handlowej skuteczności masowych środków

przekazu premiującej jaskrawość, brutalność, seks, i z powodu samobójczej niemal wolności wypowiedzi pod pretekstem „sztuki", jak też z powodu szczególnych cech amerykańskiego szkolnictwa, to, co otrzymują młode pokolenia, zasługuje na nazwę ćwiczeń w nihilizmie. Wychowanie bez indoktrynacji jest czymś nowym — dotychczas zawsze próbowano młodych indoktrynować — religijnie, socjalistycznie, nacjonalistycznie, jednak amerykańscy wychowawcy sami nie mają żadnych fundamentalnych wierzeń, na których mogliby się oprzeć. Według Herberta Marcuse ten właśnie brak jakiegokolwiek kierunku równa się najbardziej podstępnej, ukrytej zaprawie do egzystencji bestialskiej, sprowadzonej do zarobku i spożycia. Jednak Marcuse nie reprezentuje nic innego niż europejską fazę postnihilistyczną, czyli przemawia w imieniu człowieka, który najpierw utracił wyobrażenia i wartości ugruntowane metafizycznie, hierarchizujące przestrzeń, następnie postanowił wartości sam postulować w przestrzeni społecznej, zakładając, że ta może być racjonalna i przejrzysta tylko, jeżeli zastosuje się polityczny terror. Tak więc spór Marcusego z Ameryką jest właściwie sporem z nieokreślonym „otwarciem się" na tak zwaną kulturę, w czym, na skromniejszą skalę, ćwiczyła się Europa mieszczańska. To „otwarcie się" dawało w wyniku równoważność i całkowitą relatywizację idei, w praktyce natomiast zapewniało dźwięczność i nośność tylko tym ideom, które obrysowywały konturem postawę goryczy, rozpaczy, niepotrzebności we wszechświecie; owocem tego była zwykle albo zgoda na egzystencję zarobku i spożycia, albo, u bohemy, ubóstwienie Sztuki przez wielkie S jako jedynego absolutu. Czy też, w następnej fazie, tęsknotę do politycznego terroru.

Brak indoktrynacji jest dzisiaj nie tylko równoznaczny z „otwarciem się", także z uległością wobec pewnej, przez nikogo nie zaplanowanej, propagandy. Masowe środki przekazu są jak magiczny pierścień, który, kiedy go się włoży, pozwala widzieć w jednej chwili wszelkie cierpienie, wszelką krzywdę, wszelką niesprawiedliwość, i w Ameryce, i na całym świecie. Dobro, triumf ludzkiej woli i wytrwałości są wyłączane jako niedostatecznie podniecające i mało sprzedażne. Odkrycia naukowe, budowa gigantycznych tam, mostów, szos, te osiągnięcia, które w krajach totalitarnych byłyby roztrąbiane jako wiekopomne, otrzymują wzmiankę petitem w gazecie albo minutę w telewizji: któż by się przejmował tak zwykłymi, nudnymi sprawami? Oczywiście w Ameryce jest nieszczęście gett, jest mnóstwo krzywdy i nędzy, ale więcej było przed półwiekiem, wtedy jednak świadomość nie obcowała z tym na co dzień. Ziemia zawsze była pełna ludzkich męczarni, ale równoczesne ich osiągnięcie nie leżało w możności mieszkańców zamkniętych w sobie gmin i powiatów. Gniew moralistów buntujących się przeciwko złu dostarcza teraz usprawiedliwienia dla masochistycznych orgii. Zupełnie uczuciowy, ślepy protest zaciera różnice pomiędzy złem mniejszym i większym. Poczciwy rektor *college*'u sprzeciwiający się najzupełniej bezsensownym żądaniom studentów zostaje publicznie nazwany Hitlerem albo Eichmanem, prezydenta kraju przedstawia się w teatralnej sztuce jako Macbetha z zakrwawionymi rękami, a jego żonę jako lady Macbeth. Przy takim stanie umysłów nie można się dziwić, że terror polityczny zaczyna być zaopatrywany znakiem plus i że nie uchodzi za właściwe zastanawiać się, ile przez jego użytek zyskuje się, ile się traci.

Zaprawa w europejskich nihilistycznych rozrywkach i doświadczalna wiedza o ich skutkach nie pozwalają mi odnieść się życzliwie do konformizmu jęków i złorzeczeń obowiązującego w Ameryce intelektualistów, na ogół znakomicie zaopatrzonych w dobra doczesne. Jest to konformizm tak daleko posunięty, że przypominają oni niekiedy barany Panurga, o czym łatwo się przekonać, czytając redagowane przez nich i obliczone na ich gusta periodyki. Ironiczny opór wobec tej mody jest dla mnie być może rodzajem obowiązku, choć powstaje duża trudność komunikacji, kiedy pewne wątpliwe i warte do sprawdzenia tezy są przyjmowane w panującym duchowym klimacie jako oczywiste.

Zachodzi prawdziwa, nie urojona sprzeczność pomiędzy naszym pragnieniem, żeby świat ludzki był przejrzysty, rozumny, i panowaniem prawa, które obezwładnia albo opóźnia rozsądne plany. Sprzeczność ta staje się szczególnie ostra wobec skrajnych niebezpieczeństw wymagających szybkich i radykalnych środków zaradczych. Za przykład można tu obrać zagładę środowiska naturalnego, zmieniającą całe regiony Ameryki w pustynię i śmietnisko, tudzież walkę, rzadko wygrywaną, o ustawy wymierzone przeciwko prywatnym interesom. Jeżeli poszczególny człowiek widzi, co byłoby rozumne, ale jest bezsilny, powstaje poczucie ogólnej nieprzejrzystości i absurdu, co z kolei prowadzi do marzeń o politycznym terrorze, które to marzenia znajdują zresztą przeważnie wyładowanie zastępcze w gwałtownym tonie wierszy, powieści, malowideł. Chociaż w Rosji carskiej postępowa inteligencja miała zupełnie inne zmartwienia, wzorzec myślowy, jakim się posługiwała, nie był bardzo różny od wzorca jej dzisiejszych młodych amerykańskich kuzynów. Bezsens musiał być zmieniony w sens, czyli korupcja uleczona siłą. Niestety ta inteligencja miała się przekonać, że zwycięstwo politycznego terroru, usuwając jeden absurd, zastąpiło go innym i że biurokratyczna dżungla jest jak najmniej przejrzysta.

Jak działa system amerykański, zupełnie nie rozumiem, nie rozumiem też, czym kieruje się pragmatyczny umysł. Możliwe, że ma on jakiś wstręt do wszelkich ciągów logicznych w rodzaju: jeżeli *a*, to *b*, jeżeli *b*, to *c*, jak również do wszelkiego planowania zawczasu i zawsze zabiera się do pilnych zagadnień tylko w ostatniej chwili (jeżeli nie pięć minut za późno), pod ostatecznym przymusem. Jak dotychczas, dość szczególna była zdolność tego zbiorowego organizmu do przyswajania niespodziewanych składników. Zdarzało mi się być świadkiem konfliktów, które na mój europejski rozum nie mogły być zakończone żadną ugodą. Wobec rozwiniętych w tych okolicznościach talentów do kunktatorstwa i parlamentarnych kompromisów zachowywałem wstrzemięźliwość cudzoziemca, bo byłem świadomy moich ograniczeń. Próbując nazwać to, co mnie wyróżniało, doszedłem do wniosku, że była to skłonność do rozumowań wywodzonych z jakiejś zasady, czyli pociąg do abstrakcji odbierający wielu moim sądom przydatność; bardziej jeszcze może — wstyd ustępstw, ale naokoło mnie nikt ustępować się nie wstydził, jeżeli wymagał tego układ sił. Toteż ramy dla terrorystycznych zapędów są niejako z góry przygotowane, wyznaczając tym zapędom rolę szantażu dla wyciśnięcia przywilejów, w czym mistrzami amerykańskiej polityki zdają się być dzieci, bo one to odkryły, że można skutecznie rodziców sterroryzować, tak że pozwolą nawet stawać na głowie dla świętego spokoju. Cokolwiek szokuje, obraża i przeraża, jest opłacalne, a niemałą wagę ma fakt, że opłacalne również handlowo. Znaczna ilość radykalnych pomysłów europejskiej bohemy, utrwalonych w dziejach nowoczesnej sztuki, była odpowiedzią na wszechwładzę rynku. *Pour épater le bourgeois* oznaczało, że tak tylko trafia się do jego kieszeni. Tak samo dzisiaj amerykańska „prasa podziemna" nie sprzedawałaby się, gdyby w makabrze i świadomie stosowanej ohydzie nie prześcigała surrealistów i gdyby równocześnie co drugi z jej współpracowników nie podawał się za wcielenie Che Guevary. Ta czająca się tuż za kulisami opłacalność protestu nie wyklucza szczerości wrogich uczuć, niemniej jednak modom umysłowym nadaje cechę teatralnego widowiska, co jest dokładnym przeciwieństwem powagi Rosjan w carskim imperium.

O powołaniu narodów nie wiemy nic pewnego i tylko na oślep dotykamy raz po raz stałych dominant, powtarzających się w ciągu dekad czy stuleci. Nieraz wydaje mi się, że powołaniem Ameryki jest nigdzie indziej nie spotykana podwójność: desperacji i sukcesu. Moim odległym poprzednikiem w emigracji na ten kontynent był Julian Ursyn Niemcewicz, który przybił do jego brzegu w 1796 roku. Niemcewicz był człowiekiem Oświecenia, wrogiem autokratycznych monarchii i entuzjastą amerykańskiej republiki. W ówczesnym wielkim sporze o Rewolucję Francuską zajmował stanowisko umiarkowane — sympatyzował z nią w jej początkach, później, w okresie terroru, znacznie ochłódł. W swoich *Podróżach po Ameryce* odnotowuje wizytę u zamożnego farmera, przez to przykrą, że ten rumiany obywatel zanudzał go narzekaniem na ogólny marazm i apatię. Jak to nieraz miało się przytrafiać zbiegom z Europy w ich rozmowach z amerykańskimi zrozpaczonymi moralistami, Niemcewicz po prostu milkł. I tylko to sobie zapisał:

„— Potrzeba nam rewolucji — mówił p. Logan — jedynie ona może nas ocalić. Ale czy panowie dacie wiarę, że nasz lud nie chce o niej słyszeć, tak już jest zdeprawowany. Ach, gdybym był teraz we Francji, gdybym widział to, co się tam dzieje, jakżebym się cieszył.

Szalony — powiedziałem sobie — nie wiesz, czego pragniesz. Masz duży i wygodny dom, pola dające ci w czwórnasób to, czego potrzebujesz, żyjesz pod wolnymi i mądrymi prawami, a wzdychasz za przewrotami i krwią. Jesteś fanatykiem, przyjacielu, twój mózg jest chory, spokój i dostatek, w którym żyjesz, ciążą ci, nudzą cię, czujesz potrzebę wrażeń i wstrząsów, choćby to miało być ruiną domu i twego kraju. Ale jedź do Francji, jedź do Europy, zobacz, co się tam dzieje, a powrócisz uzdrowiony z twego szaleństwa".

Chociaż tak wiele się zmieniło w losach poszczególnych krajów, niektóre zdania tegoż Niemcewicza o Rosji, gdzie przed wyjazdem do Ameryki spędził dwa lata jako więzień Petropawłowskiej twierdzy, nadal nie są pozbawione aktualności. A tutaj nie bez powodu coraz to narzuca się mojej pamięci przytoczony fragment z *Podróży po Ameryce.*

Kiedy byłem studentem, trzeźwość myśli i sceptycyzm co do wspaniałych haseł obiecujących rozwiązania całkowite gniewały każdego z nas i zawstydzały, należało je w sobie tłumić jako słabość. I niewątpliwie teraz, kiedy patrzę na to z perspektywy, muszę przyznać, że zdrowy rozum zawsze przegrywał, jakby potwierdzając, że dobry jest tylko w kręgu jednostki, ale do spraw ludzkich zbiorowisk nie ma zastosowania. Przegrywał jednak tylko na względnie krótką metę i tu okazywało się, że naprawdę tylko jednostka jest realna, nie masowe ruchy, w których sama się dobrowolnie zatraca, żeby uciekać od siebie. Nigdy nie uważałem się za pisarza politycznego i nie mam ambicji zbawiania Ameryki czy świata. Tu i teraz staram się tylko odpowiedzieć sobie na pytanie, czego w Ameryce się nauczyłem i co w tym jest dla mnie szczególnie cenne. Streszczę to w trzech za i przeciw: za tzw. przeciętnym człowiekiem, przeciw arogancji intelektualistów; za tradycją biblijną, przeciw poszukiwaniom jednostkowej albo kolektywnej Nirwany; za nauką i techniką, przeciw marzeniom o pierwotnej niewinności.

Z zamieszkania w awangardowej Kalifornii wyciągnąłem, myślę, korzyści samowychowawcze. Trzeba tutaj jakoś ułożyć się ze swoją dumą. Każdy literat w swoich optymistycznych chwilach uważa się za geniusza i jeżeli mieszka w swoim niedużym kraju, różniącym się językiem od krajów sąsiednich, może znajdować różne potwierdzenia pochlebnych mniemań o sobie. Pisząc w Ameryce po polsku (bo poeta może używać tylko języka swego dzieciństwa) pozbawiam się tej wygody. Ale właściwie nie chodzi o język ani, jak we Francji, o cudzoziemskość. Związki pomiędzy poetą i czytelnikami są inne tutaj niż tam, skąd pochodzę, na skutek obszaru i ludzkiej masy, zresztą zawsze były inne niż w krajach słowiańskich. Muszę więc po prostu stwierdzić, że jestem jednym z wielu poetów nad

Zatoką San Francisco. Większość z nich pisze po angielsku, ale są i piszący po hiszpańsku, po grecku, po niemiecku, po rosyjsku. Choćby ktoś z nich miał rozgłos, w codziennych stosunkach z ludźmi jest anonimem, a więc znów jednym z wielu, w innym, szerszym znaczeniu. Cokolwiek nasyca naszą próżność, stanowi bardzo skuteczne *divertissement*, jedno z tych, do jakich zdaniem Pascala ciągle ucieka się człowiek, byle przesłonić daremność swoich zabiegów i strach śmierci. O jedno przynajmniej, ale za to główne, *divertissement* jest w Ameryce trudno, skoro poruszamy się w niej jako drobiny „samotnego tłumu". Nieco podobnie musieli się czuć mieszkańcy kosmopolitycznego, grecko-żydowsko-latyńskiego Rzymu. Nie chcę przez to bynajmniej powiedzieć, że jestem wyższy nad takie drobiazgi jak chęć sławy i uznania. Tyle że Ameryka przyciska do muru i zmusza do nieco stoickiej cnoty: wykonywać, co się robi, możliwie najlepiej i zarazem zachować wobec tego dystans, który pochodzi z uświadomienia sobie niewiedzy, dziecinności, niezupełności własnej i wszystkich ludzi.

Wszystkich ludzi. Dzielenie ich na nielicznych wiedzących i tępą masę, która nie uświadamia sobie, co dla niej jest pożyteczne, porządnie mi się znudziło i nie chcę być jednym z wybranych ciągnących masy ku Utopii przemocą. Wychowana w dostatku młodzież, z jej maskaradą żebraczych strojów i rewolucyjnych idei, budzi we mnie mniej szacunku niż ciężko pracujący drwale, górnicy, szoferzy autobusów, murarze, których mentalność jest dla tej młodzieży przedmiotem pogardy. Być może jest to tyle razy wyśmiewana naiwna mentalność Amerykanina czytającego Biblię i przekonanego o własnej szlachetności. A jednak to, że Ameryka jest nadal krajem Biblii, ma i będzie miało trwałe skutki. Jakikolwiek jest zasięg wykruszania się religijnych wierzeń, Wersja Króla Jakuba stanowi sam rdzeń języka, przesądziła o jego literackim rozwoju, do niej bez ustanku odsyła dzieło Whitmana, Melville'a i ich następców. Pismo jest wspólną własnością wierzących, agnostyków i ateistów. Ktoś, kto jak ja sprawdził doświadczalnie, jak dużo zależy od ukrytych ludzkich zalet, nie będzie lekkomyślnie podawać pewnej ociężałej przyzwoitości i bezinteresowności, choćby połączonej z umysłowym ograniczeniem, za zwyczajną głupotę, ani zżymać się na wywodzące się z Biblii przeciwstawienie: *goodness* i *wickedness*, prawość i nieprawość. Pomimo argumentów przeciw, jakie można przytoczyć, pomimo paradoksu brutalnych i okrutnych czynów powodujących nie zamierzone, sprzyjające dobru, skutki, czy też właśnie przez ten paradoks, Ameryka jest prawowitą dziedziczką cywilizacji judeochrześcijańskiej, wezwaną do prac technicznych, jakie ta tylko jedna pośród wszystkich cywilizacji umożliwiła. Toteż słuszna i piękna była decyzja amerykańskich astronautów, którzy lecąc nad powierzchnią Księżyca zwrócili się do mieszkańców Ziemi ze starym posłaniem, odczytując początek Księgi Genezy.

Jedną z przyczyn obecnego myślowego chaosu jest zakłócenie hierarchii pomiędzy poszczególnymi dziedzinami naszej działalności. Labirynt ludzki coraz bardziej się komplikuje i język z tkanki łącznej zmienia się w nadrzędną potęgę, czy to będzie język złożony ze słów, czy z elektronicznie przekazywanych obrazów, czy z brył i plam barwnych. Nie wiadomo nawet, czy zważywszy na samoistny, zwariowany rozrost języka, mamy prawo używać starzejących się pojęć literatury i sztuki, ale wszedłszy raz, w dziewiętnastym wieku, na ten tor, od języka oczekuje się objawień. Jednakże nasz los nie zależy od tego, co nazywano niegdyś *humaniora*, ale od religii i nauki. Na szczęście i biblijność, i technologia Ameryki o tym przypomina, wbrew moim zawodowym wypaczeniom humanisty. Jutro, jakiego byśmy chcieli dla planety Ziemi — sprawiedliwość, pokój, usunięcie głodu i nędzy — jest mało prawdopodobne, jeżeli nie nastąpi zasadnicza konwersja. Kaznodziei nawołujących do wewnętrznej odnowy, „odnowy serc”, było zawsze mnóstwo, nic to na ogół nie pomagało na okrucieństwo i krzywdę, i moi przyjaciele sądziliby, że postradałem zmysły, gdybym wystąpił z ewangelicznym wezwaniem. Nie liczę jednak wcale na wysiłek woli, ale na to, co jest od woli niezależne: na dane, które by na nowo uporządkowały naszą wyobraźnię przestrzenną.

Nie można zahamować wyobraźni zawsze zmierzającej do składania wszystkiego, czego uczymy się o kosmosie i człowieku, w harmonijne, symbolami wspomagane zespoły, czyli do światooglądu. Jeżeli jeden taki zespół zostaje utracony, wyobraźnia albo przebywa w pustce, tworząc obrazy rozdzierającego bezsensu (który jednak już jest sensem, tylko negatywnym), albo przystępuje do wprowadzania ładu, posługując się materiałami, jakie ma do rozporządzenia. Powiedzmy, nie wstydząc się, że jesteśmy dziećmi przed kupą bezładnie rozrzuconych klocków: żadne dziecko nie oprze się chęci samych jego rąk, wyrażającej potrzebę jego umysłu. Idee polityczne i społeczne nie mogą być rozpatrywane same w sobie, bo są ogniwem zaczepionym o kilka podstawowych wyobrażeń. Idee, które są obecnie działającą siłą, powstały z rozpadu przedkopernikańskiego układu. Był to układ statyczny, Niebo ciągnęło w nim w górę, Piekło w dół, a zło było w nim niejako oswojone, skoro jego doza nie ulegała zmianie. Zastąpił go układ dynamiczny, w którym „wycofywanie się” Bóstwa nie oznaczało, że wyrzekano się Nieba: przestrzeń stała się w nim ruchem opatrznościowego, zbawiającego czasu, Piekłem teraźniejszość, Niebem przyszłość. Ktokolwiek dopatrzy się w tych prostych stwierdzeniach tylko moich obsesji, zechce zastanowić się nad tym, czym zajmują się teraz katoliccy teologowie. Zorientowali się oni z opóźnieniem, że lekcja prawd wiary dostosowana do przedkopernikańskiego układu natrafia na nieświadomy, niezależny od niczyjej woli wierzenia, opór najbardziej nawet gorliwych chrześcijan, zaczęli więc ją dynamizować, wprowadząjąc obrazy pochodu ludzkości w czasie, zmniejszającego się zła, historii jako chrystologicznego procesu, do tego stopnia, że niektóre katolickie katechizmy zaczynają się od rozdziałów jakby z podręcznika o materialnej i moralnej ewolucji. Jest to o tyle uprawnione, że „boska pedagogia" kierująca ruchem leży u samych podstaw judeochrześcijaństwa, w przeciwieństwie do egipskiej i greckiej wizji kolistej. Trudno jednak nie zauważyć, że ta nagła gorliwość w sięganiu do własnych, długo złożonych w chłodnym schowku bogactw jest próbą dostosowania się do przesunięć w zbiorowej wyobraźni, jakie dokonały się poza Kościołem, bez jego udziału i wbrew jego zamiarom. Współzawodnicząc w dostarczaniu ludziom pociechy z laickimi postępowcami, teologowie niekiedy posuwają się tak daleko, że wspominać o diable uważają za niestosowne. Zło nie ma żadnej wagi, ponieważ kiedy panuje, jest już Złem b y ł y m (a co z niewinnymi, umierającymi w torturach po to, żeby spełniła się świetlana przyszłość?). Mnóstwo wypowiedzi wysoko postawionych osobistości katolickich brzmi tak, jakby pochodziły od socjalistów sprzed stu lat, czyli szlachetnych marzycieli, których Kościół traktował wówczas co najmniej z dezaprobatą. Dowodziłoby to, że nie ma wielu wyjść z nihilistycznego bezwładu, że właściwie jedno tylko jest przygotowane: wylot w przyszłość, zaprzeczenie złej teraźniejszości. Amerykański *hippie* przerzucający się do akcji politycznej i duchowny, który chce go pozyskać ogłaszając wszem i wobec swój społeczny zapał, posuwają się tą samą drogą.

Układ dynamiczny jest z nami i zostanie. Stary argument konserwatystów: że skoro człowiek jest istotą skażoną, ziemia była i będzie padołem płaczu, że *plus ça change, plus c'est la même chose*, niezbyt nas przekonuje. Jednakże trudno pozbyć się podejrzenia, że wyobraźnia, jeżeli utrzymuje jaką taką równowagę, tylko dopóki śpieszy naprzód, wyprzedzając czas, ucieka się do surogatów. Popycha ją nie tyle wiara w jakąś lepszą ludzkość, ile odraza do nicości i chaosu, w jakich musi przebywać, dopóki nie przeskakuje dystansu pomiędzy dziś i hipotetycznym jutrem. Ta ukryta motywacja może zachęcać do chwycenia się czegokolwiek, nawet najbardziej głupawych i nieludzkich ideologii. Przykłady umiejętnie podtrzymywanego samozaślepienia są w naszej epoce tak liczne, że nawet nie warto ich cytować. Pytanie więc, czy jaka taka mądrość w naszej ocenie programów i planów nie zależy w pierwszym rzędzie od pozbycia się przez wyobraźnię bezdomności tu i teraz. Jeżeli wolno mieć nadzieję, to tylko dlatego, że te obrazy wszechświata i naszego w nim losu, których człowiek po prostu niezdolny jest znieść, zdają się być spóźnionym spadkiem myśli Newtona o wielkim mechanizmie, podczas kiedy nowe elementy są rozproszone, nie scalone.

Religia, niezależnie od wewnętrznej erozji wyznań, jest może w lepszej (potencjalnie) sytuacji, niż była sto lat temu. Z tysięcy dzieł antropologii i psychologii, z tysięcy studiów o mitach i symbolach w literaturze przedostaje się do świadomości zbiorowej rodzaj pokornego podziwu dla archetypów znajdujących w religii kształt, dla zarysów tego, co można nazwać niezmienną ludzką naturą. Sprzyja to pokusom synkretyzmu, i tu znów podobieństwo z imperialnym Rzymem, gdzie w pewnym momencie współistniały ze sobą kult Mitry, manicheizm, gnoza i chrześcijaństwo. Co prawda już sceptyczny umysł europejskiego Oświecenia równouprawniał religie, poddając je kontroli rozumu. Dzisiaj jednak narzuca się wszystkim zupełna niesamowitość i zagadkowość istoty ludzkiej, istoty żyjącej podziemnie, częściowo tylko wynurzonej na powierzchnię, toteż bynajmniej nie „racjonalność" wyznań dostarcza kryterium, szala przechyla się raczej na stronę wiary jako tajemnicy jednostkowej wolności i jednostkowego przeznaczenia. Równocześnie obrzęd, który dla racjonalistycznie usposobionych pokoleń był martwą literą, nabiera dużej wartości, ponieważ nie tylko w teatrze

Każdy występuje jako zależny od „przestrzeni międzyludzkiej" czy też, jak to nazywa Witold Gombrowicz, od „między-ludzkiego kościoła"; ludzie już wiedzą, że swoimi gestami, spojrzeniami, słowami zawsze „zarażają się" wzajemnie. Obrzęd konstruuje przestrzeń sakralną pomiędzy pewną liczbą zgromadzonych. Stąd nie tylko radykalne próby odnowy liturgii w kościołach i na zebraniach prywatnych, również obrzędy ekstatyczne o charakterze, zdawałoby się, mało religijnym, ale w istocie spokrewnione z liturgią.

Co do wpływu nauki, to rządzi nim zasada opóźnienia czy też powolnego rozszerzania się kropli na bibule. Nauka działa na wyobraźnię bezpośrednio i pośrednio, poprzez technikę, ale nie natychmiast, i co najmniej połową siebie tkwimy w przestrzeni wieku osiemnastego i dziewiętnastego. Nie można nawet próbować odgadnąć, jak będzie wyglądała przestrzeń inna, naszych potomnych, można najwyżej gromadzić znaki, zapowiedzi, niepewne, zaszyfrowane przez samą jakby okólność wielu stopniowych przemian. Jest to trochę jak z oglądaniem Ziemi z Księżyca: autorzy *science fiction*, z Jules Verne'em na czele, oswoili nas z takim widokiem, ale zobaczyć naprawdę, jak to nam się przydarzyło, dużą niebieską kulę-ojczyznę, jest chyba doznaniem jakościowo innym, choć nie wiemy dlaczego. Może jest to drgnięcie serca, przeczucie, że jednak Ziemia została przeznaczona, żeby być centrum, jakim była przed Kopernikiem, że geocentryczna i antropocentryczna wizja nie zasługuje na szyderstwo? Może zamiast gniewu na istnienie przez chwilę odezwała się w nas miłość do dobrej wody, dobrych drzew, dobrej trawy? Albo moralitet absurdu, który rzekomo ma wiernie pokazywać kondycję ludzką, zawstydził nas, bo zestawiony z baletem kosmicznym ujawnił swoją zależność od jednej z przejściowych odmian *sensibility*, jak stroje 1880 roku? Zresztą nie tylko podróże międzyplanetarne niepostrzeżenie wyobraźnię przebudowują. Także niejednorodność czasów, wielość możliwych przestrzeni; nieprawdopodobna złożoność umysłu tzw. człowieka pierwotnego — wszystko, co przynosi nauka, zmieniając rzeczywistość z mechanizmu w kryształowy gabinet dziwów, odbić przesyłanych z luster do luster. Jeszcze nie tak dawno nauka wdrażała do redukcji: cudowne i wielobarwne zostawało przez nią „wytłumaczone" jako „tylko" proste następstwo pewnych przyczyn. Dzisiaj zamiast redukcji jest zwielokrotnienie i laboratorium uwzniośla, zaczarowuje przestrzeń, niby opowieść o elfach.

Tak wiele odbywa się równocześnie i tak trudno odgadnąć, co z tego jest tylko powtórzeniem, a co zapowiedzią. Zawiłość i kameleonowa zmienność pod pozorami uchwytnych, zdawałoby się, form rozszerza się na całą ziemię i pisać o współczesności to zachowywać się jak ślepiec, który dotykając trąby słonia orzekł, że słoń jest długi i wężopodobny. Jedyne, czego jestem pewien, to moje zdziwienie. Zdziwienie, że jest coś takiego jak Ameryka i że w ogóle dotychczas jeszcze istnieje ludzkość, choć powinna była już dawno wytępić się wzajemnie albo wyginąć z głodu, od wydzielanych przez siebie trucizn i od epidemii. Ale zdziwienie skłania właściwie do niemej kontemplacji i za każdym razem, kiedy biorę do ręki pióro, które samo udaje, że coś wie, bo język składa się z twierdzeń i przeczeń, traktuję to tylko jako egzorcyzm przeciwko złym duchom bieżącego czasu.

Spis treści